沃伦·本尼斯
领导力工作坊

依然惊奇

沃伦·本尼斯自传

Still Suprised: A Memoir of a Life in Leadership

珍藏版

［美］ 沃伦·本尼斯（Warren Bennis）
帕翠卡·沃德·比尔德曼（Patricia Ward Biederman） 著
钱峰 译

中国电力出版社
CHINA ELECTRIC POWER PRESS
WILEY

图书在版编目（CIP）数据

依然惊奇:沃伦·本尼斯自传:珍藏版 /(美)沃伦·本尼斯,(美)帕翠卡·沃德·比尔德曼著;钱峰译 .—北京：中国电力出版社，2017.9

书名原文：Stil Surprised:A Memoir of a Life in Leadership

ISBN 978-7-5198-0941-6

Ⅰ.①依… Ⅱ.①沃… ②帕… ③钱… Ⅲ.①沃伦本尼斯－自传 Ⅳ.① K837.125.38

中国版本图书馆 CIP 数据核字 (2017) 第 161621 号

Still surprised: a memoir of a life in leadership

（978-0-470-43238-9）

京权图字：01-2013-0561

出版发行：中国电力出版社

地　　址：北京市东城区北京站西街 19 号（邮政编码 100005）

网　　址：http://www.cepp.sgcc.com.cn

责任编辑：马　莹　　李　静

责任校对：铸　创

装帧设计：九五互通　周　赢

责任印制：邹树群

印　刷：三河万龙印装有限公司

版　次：2017 年 9 月第 1 版

印　次：2017 年 9 月北京第 1 次印刷

开　本：700 毫米 ×1000 毫米　16 开本

印　张：15

字　数：173 千字

定　价：58.00 元

（图 1）站在我父亲经营的酒铺前，这家酒铺位于洛杉矶中南部

时年我 16 岁左右，1941 年

（图 2）1945 年，第二次世界大战结束后不久，位于法兰克福

（图 3）道格·麦格雷戈

（图 4）位于麻省理工学院，我的第一本书《改变之计》，1961 年

（图 5）印度，1964 年，抱着七个月大的凯特
旁边是我们的厨师兼司机和管家

（图 6）在水牛城的家外面

（图 7）担任纽约州立大学水牛城分校教务长期间，跟沮丧烦躁的学生谈话，
后来我的办公室被围得水泄不通

（图 8）和辛辛那提大学军乐队在一起的轻松一刻

（图 9）在辛辛那提，坐在总统家的门前台阶上，
背后是我的母亲蕾切尔，还有我的两个双胞胎哥哥斯尔万和西摩
（比我大 10 岁），他们来看望我。1973 年左右

（图 10）在索萨利托船屋的甲板上，穿着从维尔纳·埃哈德那里借来的赛车服，马上就要坐上埃哈德的赛车出游。1980 年

（图 11）在白宫和里根总统握手

（和我约会的是埃皮·莱德勒，又名安·兰德斯）

（图 12）格瑞丝和我，位于罗马，1993 年，“重聚”之后不久

（图 13）和利林·鲍威尔，大约在 20 世纪 90 年代中期

（图 14）和南加利福尼亚大学校长史蒂夫·桑普尔，
以及星巴克创始人兼最高执行官霍华德·舒尔茨在一起。
摄于 2002 年，舒尔茨领取“年度最佳企业人”奖时

（图 15）我的孩子，威尔、凯特和约翰（戴着领带），摄于 21 世纪初

献给格瑞丝

也献给凯特、约翰、威尔以及他们的孩子

吾爱永恒

序

从严格意义上来讲，我是在 85 岁那年开始撰写这本回忆录的，但这个想法却可以追溯到 20 世纪 40 年代末，我还在安迪亚克大学读书的日子。在读大二那年，我写了一篇自传性的小故事，记录了第二次世界大战后我在德国经历的一次令我感到心寒的遭遇。这篇故事发表在学校的文学杂志上，并且引起了不小的轰动。我的写作居然能赢得他人的共鸣，这让我觉得很惊愕，同时也改变了我的一些想法。更让我感到惊奇的是，尽管这个故事完全是我个人的经历，但却广受欢迎。那时，我突然明白，当你讲述一个引人入胜的故事时，神奇的事情就会发生，你的听众或者读者会感同身受。

在安迪亚克大学的首次成功可谓是出乎意料的。从那之后，我不仅成了一个讲故事的人，而且开始搜集各种故事。我会仔细过滤所有听到的、读到的、经历过的事，寻找能引起他人共鸣的故事。一旦你发现一篇巧妙设计的故事能比其他任何事情都要更加吸引读者时，你就忍不住要把这个故事讲给他们听，只为了看到他们脸上露出的愉悦表情。从那时开始，作为一个老师、一个作家和一个演讲者，我就一直在探索讲故事的人和听故事的人之间的联系。我想可能是因为我发现的比较晚，所以叙事的力量才给我带来了这么大的冲击力。对于大多数美国孩子来说，当他们还躺在婴儿床上，靠自己的力量还无法站起来、无法辨别变形了的豌豆前，他们就已经听到了很多故事。可我不一样，在我印象中，没有人曾经坐在我的床边为我讲一个故事。我说这话不是想说我的心灵受到了侏儒怪式的剥夺，但事实确实如此。我的父母从来不会定期给我讲一个故事，我的哥哥们也没有这样做过。这导致我对故事产生的热爱之情较晚，反而对广播、连环漫画、电影和低俗小说很感兴趣，这些新媒介不仅让我听到了动人的故事，更重要的是让我这个于 1925 年出生在布朗克斯工人阶级家庭的男孩能暂时逃离一种波澜不惊的存在模式——当时我的名字叫沃伦·甘梅利尔，是为了纪念已故前总统沃伦·哈定而取的名字。

念大学本科时的那次发表经历让我知道，故事是吸引人的有力工具。我们每一个人都会有意无意地编造一些故事，并以故事里塑造的形象把自己呈献给别人。事实上，我在上大学之前就做过这种事。1938 年，我在新泽西州西木村的一所公立学校上八年级，在那里，我总觉得自己是全镇唯一一个犹太人孩子，镇上的德国码头总是让我噩梦连连。很幸运的是，我遇到了一个很棒的老师——夏尔老师。和其他出色的人一样，夏尔老师在培养学生的时候，总能安抚学生们的焦虑情绪。她在当地还是一个名人，因为她的哥哥是柏林哥伦比亚广播公司的员工，名叫威廉·夏尔，他不惜冒着生命危险在晚间新闻中描述希特勒想要控制世界的野心。

有一天，夏尔老师给我们布置了一个作业，这个作业让我感到很不安。她让我们把自己最喜欢的兴趣爱好讲给同班同学听。我该怎么办？我连兴趣爱好都没有，更别提什么最喜欢的了。和其他男同学不一样，我不擅长体育运动，甚至都不会搭建飞机模型。在我感到万分惶恐的时候，我突然产生了一个灵感。同学们讲述了他们各自喜爱和精通的项目，如国际象棋、集邮，以及其他一些同我这个年纪的青少年所喜闻乐见的东西。而我则把一个鞋盒子带到了课堂上，轮到我的时候，我把手伸进盒子里，拿出了我认为是我唯一掌握的一项技能中会用到的工具。这项技能就是帮我的家人擦鞋子。我的同学们都在一旁看着——可能是被我的举动惊到了，也可能对我充满了敬畏，我也不知道他们到底是什么反应——我向他们展示了擦鞋的过程和我的熟练技巧。在我的印象中，我总是知道什么时候应该用无光泽的深红色擦亮剂而不用栗色擦亮剂，什么时候用布比用刷子更能将鞋子擦亮。大家都知道，我在《虚构的人生》(*An Invented Life*)一书中第一次谈到了我的这一神奇表现。那个出现在新泽西州教室里的沃伦·本尼斯其实是我想象出来的人物。我用到了很多不寻常的物品，如牛蹄油，然后设计了一个故事，我自己可以在里面扮演一个角色。从那时起，我就一直在做这样的事。

但当我第一次开始着手撰写真正的回忆录时，我却迟疑过。我总有一种奇怪的感觉，觉得自己还没有准备好，我的故事远远没有结束，所以我不可能将整个故事记录下来。但当我克服了这种想法之后，就全身心投入到这项工作中去了。无论走到哪里，我都会带着一个笔记本。回忆总会在最奇怪的时刻突然出现，我需要将它们捕捉起来，我也会把想要写进回忆录里的场景和话题草草记下。我开始去圣塔莫妮卡（洛杉矶最有名的海滩之一）的总督酒店，每周至少一次，通常是两到三次，目的是为了讲故事给我的长期合作伙伴帕翠卡·沃德·比德曼听。工作人员总是很细心，总是在我们的杯子里添满热腾腾的卡布奇诺。我们开始记录我的人生，从阿登战役中我当上 19 岁步兵军官开始。

最近有人问我，为什么这本书没有详细记录我的童年生活。坦白说，我的童年和大多数人一样，一点儿也不吸引人。读者也应该有更重要的事情要做，而不应该把时间浪费在阅读我的童年生活经历上。的确，我曾经是个很窘迫的少年。每周，我都会拖着手风琴，坐着公交车往返于哈肯萨克和韦斯特伍德。但是我已经写过这段不堪的往事，而且和之后的经历相比，这段时光显得乏味并缺少戏剧性。另外，随着年龄的增长，我对那些如同冰川大小的回忆录或自传已经失去了耐心，不想从我的祖父母开始写起，然后乏味地详细记载我从幼儿园到现在所发生的事。只有少数伟人喜欢这种从摇篮写到坟墓的记载方式——真的很少。我们大多数人还是更乐于只叙述一些最引人注目、最精彩的故事——不说出全部，而是记载一些经过仔细选择的故事。阿尔弗雷德·希区柯克说："戏剧就是摒弃了所有无聊细节之后的生活。"我认为这句话也解释了什么样的回忆录才是一本好的回忆录。所以，在这本书中，我选择记录一些让我获得成长的、有意义的、有趣的、感人的经历，把所有无聊的部分都舍去。我试着去捕捉这八十多年动荡岁月中的精彩部分，而不是完完整整地记录每一年我都做了什么。一本回忆录就算写得再全面、再广博也不可能真正记录一个人全部的生活。正如约翰·巴斯（他是我在水牛城大学的一个同事）所说的那样："你的故事仅仅只是你的故事，而不是你的人生。"我情愿读者看完这本书后想要知道更多关于我的信息，而不想让他们感到对我知道得太多了。

写回忆录的一个挑战就是选择合适的语气和口吻叙述。尖刻、忏悔式的回忆录会吸引窥视性的读者，但是就我个人而言，我读回忆录的目的是为了走入那些有趣人物的内心。我觉得回忆录的作者和读者之间存在着一种隐性合约，当读者开始阅读回忆录的时候，这就表明他们已经做好了准备开始聆听作者的故事。作者也尝试做出最大的努力，将他的故事（或者其中重要的一部分）汇编成一本真诚的、能引起读者共鸣的回忆录。最好的回忆录作者可能会成为你的好伙伴，只要书在你的手中，这个作者就始终能让你感到快乐。我必须承认，我很喜欢偶尔有些坏心眼的回忆录，比如欧内斯特·海明威的《流动的盛宴》(*A Moveable Feast*)。但我的这本回忆录不是这样的。我的一生是幸运的，因此没有任何抱怨。我也尽量避免举棋不定、进退两难的写作方式，因为这样会毁了整本回忆录。很多时候，一些作者要么流露出让人作呕的假谦虚，要么表现出令人可笑的狂妄。在后者的情况中，没有人能像西奥多·罗斯福一样成功而又荒谬地自夸，他著名的一句话是："我见过的最勇敢的人是跟着我上圣胡安山的黑人警察。"

在撰写回忆录的时候，你要做的一件事就是思考过去所发生的事情和其中的意义，看看时光和那些和你一起分享时光的人是如何改变了你的人生。正如弗朗西斯·培根所说的那样，"真理是时间的女儿"。当站在人生第九个十年这一有利位置往回看时，我终于看清了人生的形状，编剧家可能会称之为人生的弧度，这个弧度的起点是我从家庭中脱离开去的时候。弗洛伊德说过，很多小孩都会幻想他们自己可能是领养的。他们想象自己是别人家父母的孩子，或者出生时被调换了，或者是在白菜地被发现的，又或者被遗弃在火车站的一个手提包里——他们会想象任何一种可能的情况，将自己远离实际的家庭。我发现我就是其中之一，从很小的时候我就幻想自己是个弃儿，幻想能过上一种和父母、哥哥不同的生活，不再那么艰难、那么平凡。而只有离开出生的那个环境，我才能创造一种更适合我的新生活。

和我这一辈成千上万的男男女女一样，第二次世界大战也让我开始了创造新生活的旅途。1943 年，我加入了军队。对于即将参战我并不感到害怕，反而急切地想要知道将来的生活会是什么样子。战争给了我一份厚礼，让我在 19 岁时就有机会成为领导者。已故的约翰·加德纳原本是林登·约翰逊总统的健康教育与福利部部长，也是共同事业组织的创始人。他担任海事主任在太平洋上作战时，和我有着相似的经历。人们总是觉得领导力是天生的，是少数有才能的人一生下来就有的能力。但领导力其实是一种职责，它和一个人的性格或心理特征无关，而是一个人扮演的角色。加德纳是个真正的战争英雄，但是在向我解释领导力的时候，他却非常谦虚地说道："我身体中的一些品质只是在等待生活将它们激发出来而已。"我的战前生活并没有暗示出我有任何富有领导力的地方。但是，当我穿上少尉的制服，带领那些把生命托付在我身上的士兵时，我却能够担负起领导者这个角色。威廉·莎士比亚是在领导力学习上表现最为出色的学生，他为我们展示了角色对亨利五世的影响。当亨利五世还是哈尔亲王的时候，他和他的老师——喜欢大喝大闹的福斯塔夫一样，也是个放荡浪子。在戴上王冠、披上王服之前，哈尔王子没有体现出一丝领导人的品质。但是，当他担任国王这个角色时，他却找到了担负起这个角色所需的内在条件。对他来说，转变的首要一步就是和福斯塔夫脱离关系。这虽然让哈尔王子感到心碎，但却是不可避免的。其实亨利并不是在阿金库尔战役的战场上才成为一名真正的领导者，早在亨利对福斯塔夫说"我不认识你，老头"时，他就已经开始成为一个伟大的领导者了，他的行为举止也开始变得像一国之君。领导其实是一门行为艺术，我们大多数人都是在担任领导者这一角色之后才真正成为一名领导者的。

正如我之前说过的那样，本书的作者是个极其幸运的人，书中描述的也是一些极其幸运的经历。我在战争中幸存了下来，而且缘于一项新的退伍军人福利，我有机会上了大学。我选择的大学——安迪亚克大学——是一所充满自由思想的大学，它支持学习和社会正义。在安迪亚克大学，我遇见了伟大的道格·麦格雷戈，他后来又引导我坚定地选择了麻省理工学院。在麻省理工学院，我和很多伟人一起学习，包括诺贝尔经济奖得主保罗·萨缪尔森，他包容了我并不出奇的数学能力。战后的几年对社会科学来说是黄金时代（我获得的学位是经济学和社会学），我发现自己正置身于一个伟大的城市中。道格和我，以及其他一些人在组织变革方面开展了一些工作。如今，人们称赞我们所做的这些工作帮助引领更加学院化、更有学习氛围的组织机构，包括谷歌。在剑桥的那几年，通过和他人的密切合作，我知道一群有天赋的人在一起工作能取得惊人的成果。

1971 年，当我成为辛辛那提大学的校长时，我有机会将我在领导力方面学到的所有理论都付诸实践。在辛辛那提大学，我们的团队创造了一个奇迹，通过将辛辛那提大学归入州立大学系统，我们拯救了这个正面临财政危机的大学。但是通过这件事，我意识到自己不适合当管理者，我想以思考、写作、教书为生。在过去 30 年间（我一生中最快乐的时光），我一直待在南加利福尼亚大学，住在圣塔莫尼卡附近的海滩上。在接下来的文字中，你将知道我是如何到处奔波的。我的故事中充满了卓越的、古怪的人物和地点，有时还有动物的出现。这其中包括把我称为沃尔特的剑桥心理分析师，加尔各答一只站在尿壶上的猕猴，索萨利托游艇社区的斯图尔特·伯兰特、兰姆·达斯和其他邻居，帮助员工应对白宫内部紧张关系的副总统阿尔·戈尔，以及我美丽的内科医生妻子。

当我撰写这本书的时候，我耳畔都会响起在我人生各个阶段播放过的音乐，流行音乐比摄影师更能唤起我对现实的情感记忆。《我要见到你》这首歌就能引起我一连串的回忆——穿着制服的我们是多么的年轻、帅气，早上出海前你侬我侬时的甜蜜和紧迫，以及分离的痛苦。直到写这本书我才意识到，第二次世界大战是多么彻底地改变了世界、改变了我们这一代人。战争中的人员调动结束了经济大萧条，也为战后的繁荣发展搭建了一座舞台。我在麻省理工学院完成了硕士研究生学业，这所学院正是因为研发了一些战争中所需的重要项目，如改善雷达、教人们如何使用它等，才变得声名大噪。现如今，没人会思考同盟国在战争中失败的后果会怎样，直到 1945 年冬天，打败轴心国才成了既定事实。我们能想象一下如果轴心国在第二次世界大战中取得了胜利，那么全球将会遭受怎样的灾难？幸运的是，同盟国没有战败，大多数美国军人带着希望和乐观从欧洲战场和太平洋战场上回到了家中。从某种意义上说，我代表着千千万万个为国家而战的美国人。第二次世界大战后，政府意识到美国即将有一个美好的未来，而且必须为这个未来投资，所以我们的生活也随之得到了改变。1944 年，美国政府制定了《退伍军人权利法案》，法案为美国士兵提供了很多利益，也创造了成千上万个就业机会，我的工作机会就是其中之一，正是这些福利造就了美国的中产阶级。

战争给我们带来的远不止经济上的影响，它还改变了我们这代人对世界的看法。战争是丑陋的，欧洲和亚洲的轴心国所采取的种族灭绝主义措施彻底摧毁了长期以来人们对高尚和礼仪的理解。喜欢莫扎特的人怎么可能毒死千万个无辜的孩子呢？ 20 世纪外表看上去很文明的欧洲怎么可能有机械化的死亡工厂？成千上万个犹太人、吉卜赛人和男同性恋者又怎么可能惨死在这里呢？这些问题总是困扰并启发着我们这一代战后的社会科学家们。鉴于大屠杀和其他战争中的惊骇事件，我们开创的组织发展理论和其他领域反映出了我们的需求，那就是探索普通的人群为何会做出如此邪恶的事情。我们希望避免此类惨案再次发生。我们的一些重要发现包括：人们总是想得到周围人群的赞同和支持；组织成员也会在很大程度上受到整个组织或好或坏的影响。当美国和同盟国的士兵进入集中营时，他们目睹了反犹太主义和其他形式的种族主义所带来的可怕后果，而这一切都不是在一夜间发生的，但最终我们变得更加学会容忍、更加致力于公平。20 世纪上半叶那偶然发生的种族主义再也不会被认为是无害的，人们及时发起了民权主义运动，对部落制的危险性也提高了警惕。

显然，巴拉克·奥巴马总统是对第二次世界大战后的社会作出贡献的人物之一。第二次世界大战期间，我所在的军队实行种族隔离政策，非洲裔美国士兵是不允许和白人士兵一起并肩作战的，白人士兵可以对军队里的黑人兄弟说任何难听的话。而现在，作为第二次世界大战中一名白人退伍老兵的孙子，奥巴马竟成了美国第一任非洲裔总统。2009 年，当奥巴马前往奥斯陆接受诺贝尔和平奖的时候，他其实并不自在——接受这个奖项的同时，他领导的国家却交战于两场战争中，而且他还是总指挥官。我不知道他的演讲稿中有多少是他自己写的，但我觉得那份演讲反映了人类情况的一个重要真理。奥巴马总统说我们必须“（协调）这两种看似无法协调的真理——战争有时候是必需的，而有时候则是人类愚蠢的表现。”接着他又说了一些能引起人们产生共鸣的话，那就是人类既不是天使也不是魔鬼，但人类却能做出一些可怕的事情来。他引用了肯尼迪总统在几十年前说过的话：“让我们把注意力集中在更实际、更可能取得的和平上，这种和平不是基于人类本性的突发革命，而是基于人类体制的逐渐演进。”意识到我们必须经常审视和完善人类体制，包括我们的司法制度，这无疑是第二次世界大战带给我们的深刻教训。

杰拉尔德和萨拉·墨菲是真实生活中的一对夫妇，他们是 F. 斯科特·菲茨杰拉德所著小说《夜色温柔》（*Tender is the Night*）中的戴弗夫妇的原型。他俩喜欢说“活得好就是对敌人最好的报复”。我想稍加修改：活着就是对敌人最好的报复。偶尔我会收到弗兰克·本汉姆的邮件，他和我一样也是个八旬老人了，上次见他的时候我还只有 18 岁。在位于得克萨斯世界空运组织附近的胡德堡（当时叫 Camp Hood，现在改名为 Fort Hood）接受基本训练时，我们俩住上下铺。2004 年 12 月，弗兰克写信提醒我，那年距离阿登战役的爆发正好60年。60年前，他在法国兰斯。如果德军企图重夺巴黎，那么这个地方就是最后的防线。“那真是个叫人紧张的圣诞节，我可以这么跟你说。”他回忆道，“前线上的步兵们中有厨师、面包师、公司职员，还有卡车司机。我倒不怕被德国人射中，反而担心被这些同伙射中，因为他们对扣动扳机感到欣喜若狂。”他说，在胡德堡那群为世界民主而战的男孩儿中，好像只有我们俩幸存了下来。让我感到震惊的是，我们确实迎来了民主。即使到现在，弗兰克和我也已经像神鹰一样稀有，并且濒于灭绝，我们依然能很好地面对我们的将来，因为我们曾见过更糟糕的情况。

目录

序

001　第一章　战争的考验

021　第二章　登陆新生活

047　第三章　过渡仪式

077　第四章　伟大的小组

103　第五章　奋斗水牛城

127　第六章　向州立大学前进

145　第七章　海上一年

163　第八章　归属感

189　第九章　岁月的磨砺

205　致谢

第一章 战争的考验

1944 年 12 月，那年我 19 岁，是美国军队里一名新上任的陆军少尉。我们一路追赶撤退的敌军到了德国，其间我竭尽全力确保我率领的一个排（包括我自己）能存活下来。而 18 个月之前，我刚从洛杉矶多尔西高级中学毕业，是个对未来充满困惑、无足轻重的青少年。我无所依傍，不知道自己是谁，更别提将来想扮演什么角色，也没有一点儿让我所痴迷的兴趣爱好。在那时，我最无伤大雅的兴趣就是广泛收集属于我那个时代的流行音乐。父亲竭力经营着一家酒铺，那家酒铺位于斯劳森街道和林保林荫大道交叉的拐角处。我每周至少有一次会从放钱的抽屉里拿出 35 分钱。在洛杉矶，很少有几个年轻人能享受到特殊待遇，拥有属于自己的车，我当然不可能是其中之一。于是我一直乘坐公交车，花半个小时赶到好莱坞。在那里，五六家一流的唱片店总是召唤着我。

35 分钱可以买一张 12 英寸的磁盘，比普通磁盘的尺码要大。这种磁盘通常是为古典音乐而准备的，用于存放一些慢速唱片的杰出之作，如本尼·古德曼的《唱吧，唱吧，唱吧》（*"Sing Sing Sing"*）。作为一个唱片收集爱好者，我能说出一些大型乐队里所有音乐家的名字，如格伦·米勒、阿蒂·肖、哈利·詹姆斯、吉米·多尔西和汤米·多尔西。与此同时，我也知道诸如邦尼·贝里根这样一些不太出名但同样出色的音乐人。对于每周唱片的购置，我从不轻视，也不草率。当我在试听唱片的时候，我向来都是信心十足，知道该不该买。所以，在花掉父亲辛辛苦苦赚来的钱之前，我总会把自己关在一家唱片店的试听区，戴上特大号耳机，陶醉在查理·克里斯蒂安的吉他独奏中，或者沉浸在莱昂内尔·汉普顿演奏的电颤琴[1]中，又或者沉迷于奇克·韦伯敲打出的咚咚鼓声中。有几个星期，我情不自禁地着迷于当时很棒的女艺术家——艾拉·费兹洁若、比莉·哈乐黛和乔·斯塔福。对我来说，音乐的重要性是无法匹敌的。就像其他同学热衷于体育一样，我一直追逐着音乐的脚步。我甚至还订阅了几本音乐杂志，包括《拍子机》(*Metronome*)和一本在英国出版的期刊，期刊名里有“声音”这个词。现在回想起来，流行音乐是我的一剂良药。很多年轻人都渴望追求一些只能意会却无法言传的东西、一些比孤寂世俗的生活更重要的东西，那么音乐对他们来说也应该是一剂良药。试听区对我而言是神圣的一角。当艾灵顿公爵或斯坦·肯顿的声音在我的脑海中浮现时，所有疲乏、痛苦、窘迫都被抛到九霄云外。

1932年，和成千上万的人一样，我的父亲也丢掉了最后一份船运员的工作。从那时起，为了养活母亲、两个哥哥和我，父亲当过司法文书传递员，贩运过非法烈酒给新泽西州的暴徒，后来又开了一家汽水店，同时卖一些杂志和连环漫画册子。父亲不知疲倦地工作着，但就像我对足球没有天赋一样，他也没有经商的天赋。他希望搬家能给他带来好运，于是我们举家从新泽西州搬到了南加利福尼亚州一个名叫比弗利山庄的地方。在那里我们家的一个朋友非常成功地经营着一家药房。在洛杉矶，父亲经营过一家酒铺，也卖过三明治。这家酒铺并没让我家在经济上有所改善，但对

[1] 一种以敲击发声的爵士乐特色乐器，外形似木琴，音色特异、悦耳。

于我这个来自于美国东海岸的少年来说，它极大地丰富了我的生活。当我站柜台的时候，我的高中同学就会在放学后来酒铺串门，玩玩弹球机，我也会多给他们几勺冰激凌。

1941 年珍珠港事件爆发之后，美国经济终于有了极大的发展。1944 年，第二次世界大战仍然在欧洲和太平洋地区持续进行，这在很大程度上影响了美国。经济大萧条带来的绝望阴霾渐渐散去，美国上下变得忙碌充实，目标也明确起来。和很多美国人民一样，我亲身体验了富兰克林·德拉诺·罗斯福总统鼓舞人心的领导。虽然在那时不觉得这是一段成长经历，但在现在看来确实很幸运。和大多数犹太人家庭、无产阶级家庭一样，我家亲戚几乎都是民主党。而罗斯福总统不久就证明自己不是一个普通的民主党，也不是一个普通的政治家，更不是一个普通的领导人。尽管罗斯福总统出身贵族，但是大多数美国人很快就对他产生了信心，委以信任。大家一致认为他能够解决当时严峻的经济问题，也能领导全国人民面对那场可怕的全球战争。他偶尔会发表“炉边谈话”。通过家家户户起居室里的大收音机，他似乎亲临我们身边，在和我们每个人面对面地交谈。直到最近，在我读完乔纳森·阿尔特所写的《危机 1932：罗斯福百日新政与美国决胜时刻》（*The Defining Moment: FDR's Hundred Days and the Triumph of Hope*）一书时，我才了解罗斯福总统是如何在没有先例的情况下，在人民群众中建立起亲切感的。罗斯福总统运用自己的想象力，将自己置身于每个家庭的起居室中。他回忆道，在准备每次“炉边谈话”时，“我试着想象一个泥瓦匠正在一栋新楼上砌砖盖瓦，一个女孩正在柜台后忙碌，或者一个农民在田地里干活”。据阿尔特记载，罗斯福总统的劳工部部长，即美国第一位女性内阁成员弗朗西斯·珀金斯说道：“他会设想大家都聚集在客厅里，和左邻右舍一起听他的讲话。他还会设想所有人脸上的表情，手上的动作，身上的穿着，以及他们的住宅环境。”

收音机是科技的一个写照，它让罗斯福总统走进了美国的千家万户。正如阿尔特所写的那样，到了 1932 年，美国收音机的数量从 1921 年的几千台一下增加到 1 800 万台。1933 年 3 月 12 日，周日晚上，6 000 万美国人民听到了第一次“炉边谈话”，这个数字很惊人。收音机不仅服务于希特勒，也服务于罗斯福。纳粹给每一个德国城镇分发免费的收音机，这些收音机要么成了宣传站的化身，要么播放一些德意志帝国能接受的音乐。另外，收音机还帮助纳粹政权加强社会统治。任何德国人只要被抓到在听一些“堕落的音乐”，尤其是我喜欢的爵士乐时，都会被移交给盖世太保——德国纳粹时期的秘密警察。

罗斯福总统会让你产生这样的印象，那就是他的“炉边谈话”似乎只为你而准备。而让你产生这种印象的不是科技的力量，而是他用心的想象。在仔细观察罗斯福总统的听众之后，有一个人总结道：“他们都心甘情愿地相信，罗斯福总统即使在黑暗中也能洞悉一切。”罗斯福总统和普通民众之间建立的这种紧密联系体现在我最喜欢的一个故事里。当悲痛欲绝的人群在宪法大道上等待为罗斯福总统送葬的队伍时，一个穿着考究的中年送葬者哭泣着跪倒在地上。当他终于恢复平静后，旁边的一个路人问道：“你了解这个总统吗？”“不了解。”这个悲痛的男子回答道，“但是他了解我。”

在罗斯福总统的推动下，生活在战争时期的美国人民装订过配给券，吃过罐头猪肉。为了效力于战争，我们循环利用金属、橡胶和纸张。一些爱国的知名人士激励我们购买债券，庆祝我们终将取得胜利，他们的呼吁被搬上屏幕，和电视连续剧、电影一起在电影院里放映。和同龄人一样，我在卧室的墙上挂起欧洲和太平洋地区的地图，以便能随着收音机、报纸中的报道追踪同盟国的进程。每到星期六的中午，人们都会翘首期待相关的消息，这已经成了一项固定的日程。尽管海岸边总有战舰巡逻防备敌人的船只和潜水艇，天空中也经常有战机滑翔以防敌机入侵，但我总觉得离战争很遥远。但是有一天下午，一辆 2.5 吨重的军用卡车突然停在了父亲酒铺旁的水果蔬菜店前面。这家店的店主杰夫是个日裔美国人，他跑进店铺，将抽屉里的现金全部取了出来，塞到自己的口袋里。紧接着他将金属卷帘门拉下，这通常是为了在夜间保护店铺的，然后在门上挂了“停止营业”的牌子。他穿着围裙就爬进了卡车的后面，已经有十几个日本男人和一些日本女人站在车上。卡车开走了，我们再也没有见过杰夫。我这才明白，无论前线离我们多远，战争随时都会渗入每一个角落。即便战争的触角没有触及你的家庭，但你总有那么一个朋友，他的父亲，或者兄长正置身于险境中。每次当你看到一颗金色的星星出现在邻居家的窗户上时，你都忍不住全身发抖，因为它昭示着又有一个母亲永远地失去了她身穿制服的孩子。

在 18 岁生日到来之际，我决定报名参加陆军专业训练计划。众所周知，如果你想取得参加这个项目的资格，你必须在能力倾向测验中表现出色，所以这个项目拥有一定的声望。我获得了达标所要求的 130 分，可能更高一点，因此被录取了。一开始我接受了一些基本训练，然后又花了四年时间在大学里学习军队所需的技能。当项目结束时，我没有想太多，也不知道将来会发生什么——后来第二次世界大战持续在两条战线上肆虐，我也不可避免地被送上了战场。当时我只是急切想知道大学是什么样子的。在高中阶段，我只是一个好学生，但并不出色。尽管我订阅了英国的音乐杂志，但在这方面也并不是很有天赋。我记得在 20 世纪 40 年代读的第一本严肃性小说是索尔·贝娄所著的《晃来晃去的人》（*Dangling Man*），这是他的第一部小说，受到了广泛好评。在我等待入伍的那些日子里，我在英格尔伍德的洛克希德公司找到了一份工作。在1942—1945年间，洛克希德公司和它的附属机构——维加飞机公司制造了将近两万架军用飞机。在英格尔伍德，我是一名铆钉工，负责组装P-38闪电战斗机的机身。这款战斗机是日本飞行员的克星。在当时的英格尔伍德装配线上，女子铆钉工的数量远远超过年轻男子的数量，100个铆钉工里有99个女工。可是她们不会想到，当战争一结束，她们的男友或者丈夫从战场上回来后，她们的工作岗位也将随之消失。

1944年12月，我身处德国南部，是美国军队第63步兵师的年轻替补军官。我的上司都说我是欧洲战区最年轻的军官。我来到欧洲战区时，美军正处在阿登战役的最后紧要关头。德军一直在做最后抵抗，但是他们的德意志帝国只剩下不到6个月就将分崩离析。在南加利福尼亚州，我可能还是一个不成熟可靠的男孩，但在德国，不管我是否做好了心理准备，我都即将成为一个领导者。

如果你看过《兄弟连》或者《拯救大兵瑞恩》，你对第二次世界大战就会有些许概念。在欧洲爆发反抗战争虽说是理所应当，但和邪恶力量斗争并不让人感到光荣或辉煌。一连串的恶战就像希罗宁姆斯·博希的绘画作品所揭露的那样，极其荒诞、丑陋。战争所展现的场面通常只能在噩梦或者恐怖片中才能看到，而只要你还留有一丝记忆，最残忍的场面就总是那么清晰可见。我始终不忍心去看少年士兵那内脏外露的尸体，也无法忍受因头发燃烧发出的刺鼻恶臭。1944年底，德国的战争机器几乎吞噬了所有德国士兵的生命。那些战死沙场的德国士兵大都不超过15岁，都还是孩子。他们最后剩下的弹药只有木制子弹，这些弹药在受到碰撞时会裂成碎片。

无论你看过多少有关战争的新闻或者微型系列剧，你始终都无法想象经历过真正的战争的感觉有多糟，那种痛苦只有经历过的人才能体会到。

寒冷是头等考验，冬天是那么潮湿多风，残酷无情。后来我们发现那年的冬天是近半个世纪以来最寒冷的冬天。对常年身处露天环境的步兵来说，寒冷和德军一样都是敌人。那个冬天，我们从来没有在真正意义上暖和过，晚上大多数时间，我们都冻得直发抖，我说这话一点儿都不夸张。自从迁居到南加利福尼亚州，我就习惯了这里阳光明媚、近乎完美的日子。但是战争爆发在北纬地区，这就意味着冬天的夜晚只有难耐的一片漆黑，这更像是加拿大的冬天，而不是我所熟悉的地中海式的冬天。我们接到的命令是俘获或者杀死所有德国士兵，清空所有被德军占领后又不得不放弃的城镇。大多数时间，我们都在不断行进。我们的身体又冷又湿，筋疲力尽，饥饿难挨，迫切渴望得到一些热腾腾的食物。我们浑身都很脏，冲淋浴和吃热饭一样难得。我一度发现我们已经有三个星期没有真正洗过一次澡了。

尽管步兵们有武器，有头盔，口袋里还塞着半盒骆驼牌香烟，但在最糟糕的情况下，他们的生活和动物没什么区别。但是当你遇到炮击，或者想在散兵坑里睡上几分钟时，你关注的就只有活命和尽职，同时希望得到些许慰藉。亚伯拉罕·马斯洛在1943年发表了一篇名为《人类动机论》（*A Theory of Human Motivation*）的文章，阐释了人类的需求层次，而当时的我们却没人注意到这一点。马斯洛列举了人类维持自身生存的几项最基本的需要：呼吸、生理平衡、水、睡眠、食物、分泌、性、穿衣、住所。在战争中，步兵们只能努力达到其中的八项需要——性是毫无可能的。

早年我成为领导者的时候很低调，甚至可以说士兵们根本分辨不出我就是领导者。我被任命去前线指挥一个排，到那儿的时候已经是午夜时分。士兵们睡在一间被导弹摧毁的破屋里。这个排的送信员贡纳把我领到一堆废墟里，这里原先是一间厨房。他指着一条板凳，说我可以睡在上面。那时，作为一个领导者，我做了第一个重要的决定。我把我的睡袋放在地上，和我的士兵们并排睡。整个晚上炮轰从未间断，我感到很紧张，根本睡不着，但我假装打盹。天亮后，一名军士问另一名军士我是谁，当得知我是新来的指挥官时，这名军士说道："太好了，他能为我们所用。"我在不知不觉中竟然做对了几件事。我悄无声息地加入了这个排，一点儿也不唐突，不像其他很多军官一样，接受任命时总是那么轰轰烈烈、骄傲自大，但结果却会遭到士兵们的鄙视。很多军官都没能在战争中幸存下来，因为他们总是在士兵面前反复强调自己优越的职位等级。而我的士兵们需要我，连老天都知道我也需要他们。

我排战友在阿登战役中死伤惨重。一个排正常的编制名额为 48 人，但我们只剩下 20~30 个人；军官的编制名额为 6 人，而全排就只剩下 2 名军官。当时我才 19 岁，一个不谙世事的年纪，我很幸运能和众多老兵为伍。他们显然已经决定要教我如何成为一名领导者，尽管他们都没有跟我明说。

一天清晨，晨光熹微，军士长对我说："我们希望你能在上尉身边跟随几天，看看他都干些什么。"他们瞥了我一眼，觉得我太没有经验，仅凭我一人之力是无法做到的，况且惹怒上尉的话，他们也会跟着倒霉。但那使我有机会接触到了贝辛格上尉。我一直记得一句话，这句话出自《奇异的恩典》（*Amazing Grace*）——一部讲述英国废奴主义者威廉·威伯福斯生平事迹的电影。关于如何度过"中间通道"时所经历的恐怖，电影中的一个奴隶是这样向威伯福斯描述的："你的生命就像一根线，要么完好无损，要么突然断掉。"其实战场也是如此。但是多亏了贝辛格上尉，我才能在战场上"完好无损"。他是我人生第一个也是最重要的导师。

当贝辛格上尉还是个平民百姓时，他是北卡罗来纳州阿什维尔市范德比尔特家族的比特摩尔庄园的看门人。参军那年他 34 岁，这个年纪对军队标准而言显得有点大，然而他是我知道的最棒的领导者。几年前，埃里克·新关将军勇敢地就伊拉克战争向布什政府直言进谏，他认为军队对那些被送上战场的年轻人必须怀有怜爱之心。60多年前，贝辛格上尉就做到了这一点，他很关爱手下的士兵。作为一个领导者，他所做的最重要的事就是听取士兵的心声——这不仅能让他得到很宝贵的信息，也显示出他很尊重士兵。对于上级做出的一些具有潜在致命危险的错误决定，他会用尽一切力量避免执行以确保士兵的安全。但让我感到遗憾的是，直到今天我都不知道贝辛格上尉姓什么。

贝辛格上尉有一个身体缺陷——耳聋，这是在战争中承受了无数次高分贝爆炸声的后果。他第一次见到我时，就简明扼要地教会我如何在前线生存下来，因为这比什么都重要。他以身作则，教我如何在有可能造成致命死伤的地形中指挥士兵前进、如何根据炮声区分大炮的种类、如何在敌军发起炮击时跳进地面的坑中或躲在任何能躲的庇护物后。但是因为他的耳聋，他对炮轰的反应总是慢几拍，而我则比他还慢一两秒钟。因此，我们俩旁边的士兵每每见状，总会大笑着惊叫起来。大家似乎很快就接纳了我，甚至都有点儿喜欢我，我和这些士兵在一起时也感到很舒心、很安全。信任也是一种爱。因为你知道你和其他士兵有着同样的命运，所以你们之间的关系能大大地加强。这种归属感让你产生勇气，但有时也会让你对战争心生畏怯。

在紧急情况下加入军队的美国士兵，虽然不得不服从军官的命令，但无须尊重他们的军官。很多新上任的军官都不知道拉拢士兵的重要性，但有些军官极富同理心，情商也高，知道获得士兵的认可实属不易，于是很尊重他们手下的士兵。“情商”是丹尼尔·戈尔曼创造的词，战争那会儿他还没出生。我在军队待了一年，然后申请了候补军官学校，也被录取了。陆军专业训练计划自我加入后没几个月就解散了，我就一直在步兵师里任职。在本宁堡，指导员们的艰难差事就是要把对为官之道一窍不通的学员训练成军官。指导员们告诫大家，在士兵面前证明自己非常重要。他们尝试过无数种方法，以前所未有的速度培养军官。被他们培养出来的军官必须能取得士兵的信任，同时能尽可能长久地存活下来，带领士兵赢得战争胜利。别人对你的尊重不是呼之即来的，因此指导员们经常警告我们："不要夸耀你肩上的星杠，你得凭本事获得。"

1945 年 1 月，德军开始撤退，但他们仍在进行殊死反抗。在德国北部地区作战，后来又转移到德国核心战场的第九军伤亡最为惨重。我所在的队伍属于第七军，我们在南部作战，处境稍好一点。最危险的要数每家每户的搜查，因为城镇里没有明确划定的战争地带，在搜查每户人家时，你不知道接下来会发生什么。一些平民百姓在窗户上挂上白旗，让盟军知道他们爱好和平，不具危险性，但德军为了设计陷害我们也会这么做。如果你们包围了一座未遭炮轰的房子，就得先向窗户里扔个手榴弹。如果幸运的话，只有一些没有武器装备的老百姓会从里面逃出来。但有时里面也会有武器装备齐全的敌军，在这种情况下，你很有可能已经被从窗户里伸出来的德产冲锋枪瞄准了。可想而知，扫荡村庄真的会让人紧张到窒息。比起挖好的散兵坑，我们情愿置身在那种被毁损了的房子里，因为破旧的房子至少能为你遮雨挡雪，提供一些庇护。通常情况下，房子的主人在逃难时会遗留下一些食物，对于这些政府补给之外的食物，我们总是心存感激，被扔弃的酒水更受我们的欢迎。另外，破房子里还常常藏有一些有价值的东西。虽然洗劫财物是被明令禁止的，但这种情况时有发生。我们尤其希望搜查到德国莱卡相机或者鲁格手枪。

当不打仗或者试着取暖时，我们就会抱怨——这是士兵经常做的一件事。对于军队，我的抱怨越来越多——从空中支援的缺少到差强人意的食物供给，我一边说一边做着笔记，而贝辛格上尉在一旁耐心地听着。有一天，我几乎气愤到语无伦次，大声说道："作为士兵之一，我不知道如何打赢这场该死的战争……"那时，贝辛格上尉显然已经受够了。比起抽烟，他更喜欢嚼烟叶，这是南方的一种风俗。通常，他满嘴都塞满了"红人"牌烟叶。也许是为了强调他的观点，他会吐掉口中的烟叶，说道："真该死！孩子啊，他们也有一支军队。"

对于那时能在本宁堡接受候补军官训练，我感到很幸运，但也没有到万分感激的程度。在本宁堡，我和德怀特·D. 艾森豪威尔、乔治·马歇尔以及科林·鲍威尔一样，成功完成了新版的步兵军官基础课程。这门广为人知的课程真让人筋疲力尽，但同时也提高了我们的军事技能和领导技能。训练基地挂着一面巨大的横幅，上面绣着步兵的格言："我是步兵，战争之后，跟着我走！"在本宁堡男子学校（我们是这么称呼它的），我们接受了17个星期的训练，学习武器、交际、地面导航、战术、体适能[1]、车辆和装备维修，最重要的当然还是领导力的学习。我们学会了如何在最现实的条件下与敌军作战。多亏了本宁堡，使我可以不必在法国、比利时或德国战场上执行挨户搜查这一棘手的任务。军队在佐治亚州红土上仿建了一座欧洲村庄，我们就是在那里学习了挨户搜查这门技术（而不是艺术）。我还学到了很多其他技能，也养成了很多习惯，这些都让我终身受用。我懂得了组织的意义，知道了如何进行团队合作，也明白了对我而言，最重要的是照顾好我的士兵。还有其他一些技能在我回归平民生活之后就再也没有了用武之地。奇怪的是，自从我1947年离开军队之后，对于我能精确发射迫击炮这一技能，学校或者机构都不感兴趣。但这个技能为我在本宁堡赢得

[1] 指人体所具备的有充足的精力从事日常工作和学习而不感到疲劳，同时有余力享受康乐活动的乐趣，并能够适应突发状况的能力。

了“气泡”本尼斯这一绰号——“气泡”指的是迫击炮的瞄准系统。

本宁堡对士兵的要求非常苛刻，让人精疲力竭。在检查我们的时候，指导员们就像带着放大镜的珠宝商一样仔细。我们的制服如果要挂到柜子上，它们之间的距离是有规定的。指导员们会挥舞着尺子核准，如果有人没挂准，哪怕只有四分之一英尺的偏差，那么这个人就倒霉了。但是我也发现了本宁堡很多值得让人喜欢的地方。在军队里，一碗水总是端平的，本宁堡近乎是一个管理精英的地方。你可能来自一个富有的家庭，却成了一个彻底的失败者；你可能来自一个贫穷的家庭，却成了一个成功者。在这里，最重要的是表现和态度。如果为该做的事做好准备是良好教育的标准，那么正如我之前说过的，我在那里接受的教育就是最好的。那里大多数课程都是实验性的，而且是最重要的。毫无疑问，我在麻省理工学院或者哈佛大学听过的所有讲座都没有在本宁堡听过的重要，因为我知道本宁堡的课能教我保住性命。

不久前，我找到了一封在本宁堡时写的家书。当我在军队的时候，我写给家人的信一般都没有特定的内容，写信的唯一目的只是为了告诉父母我还活着。那封信的日期是 1944 年 12 月 6 日，我在信里告诉父母我那天的训练非常出色，在战术官面前发射迫击炮时直接得了分。然后我又提到军队对军官的要求和评估过程中的一个缺陷，我简明地写道，“战术官不停地记录着他们对每个候补军官的观察，他其实决定了你的命运。对于我们这些候补军官，学校的要求只有三个：学业有成、身体健康和领导出色，而缺乏最后一项往往会淘汰大多数人。你在训练时的一举一动都是战术官判断你是否具有领导能力的依据。还有一点，即使你具备了所有条件，但是战术官不喜欢你，那么你仍然会出局！”接着我告诉父母周末的计划，但是我很后悔当时的用词：“星期五晚上我要去参加一个晚宴舞会——奥本大学的女生联谊会上会有很多黄毛丫头。”

直到现在我也不知道为何报名参加候补军官学校。当我听说我那两个比我大 10 岁的哥哥即将被征兵入伍时，我非常替他们担心。早年没有迹象显示我会对领导力研究着迷或者感兴趣。我记得在中学的时候读过《凯撒大帝》，那时以为这只是一个警世寓言。成为一个领导者可能会让你名利双收，但也会给你带来杀身之祸。这条警示给人带来的冲击就像明显的下滑面让小孩儿感到害怕一样，尽管小孩儿对万事万物都感到害怕，如小狗和闪电。我总是相信，恐惧就像麻疹和水痘一样会传染蔓延，我的母亲就是一个传播媒介。她是我所知道的最不冷静的人（连我父亲都称她为“灾难的简”❶），我总认为，我早年怕这怕那的性格就是受她影响。奇怪的是，作为一个士兵，我从来不感到害怕，这是真话，虽然我知道大多数排长在上任六星期到三个月左右都会受重伤或者牺牲。但即使在我们遭到炮轰的时候，我也不觉得我会死，我也没有祈祷。事实上，我觉得后来担任大学校长比在战场上作战更让我感到紧张。

我之所以不感到害怕，这可能和我的角色有直接关系。作为一名陆军少尉，后来又担任排长，我必须在士兵面前显得沉着冷静、无所畏惧（那时候，认知失调可能起了作用，因为我表现出沉着和无畏，所以也就不感到害怕）。人们总是指望精神生物学能够解释人类的行为，而忽略了角色的作用。例如，观察者总是觉得乔治·沃克·布什想成为总统的动力源自于他想超越他那更杰出的父亲乔治·赫伯特·沃克·布什。分析家也总是把比尔·克林顿渴望得到公众的欢迎追溯到他不幸的童年经历，因为他的继父是一个暴力的酒鬼，他的母亲由于工作原因，经常不在他身边。我的意思不是说我们的过去不重要。随着年纪的增长，我就越发觉得，相比于我

❶ “灾难的简”，原文为 Calamity Jane，指悲观论者，爱大惊小怪的人。

们的经历，我们在生活中所扮演的角色和成败更有关系。在战争期间，作为一名士兵，我觉得神气十足，而且我的衣服——帅气的新制服更增加了这种感觉。就像一个好演员一样，当我一穿上那套带着金杠的制服，我立马就成了美国军队里的一名军官。我扮演的角色其实已经规定了我特定的态度和行为，为我如何言行提供了规范，也让我感到我的过往其实没有太多的意义。我的任务就是带领士兵、下达命令并执行命令。若我还是那个平民男孩，这些命令肯定会让我感到犹豫不决、毫无把握，但现在我都做到了。制服允许我，或者更准确地说是要求我去观察身边的军官，以他们为榜样，制定一些可执行的策略以助我成为一名成功的军官，而我之前的生活却没有暗示出我有领导力的一面。相反，制服却给了我进入领导者世界的入场券，在前线是如此，后来在军官俱乐部也是如此。它让我对领导力充满期待，也让我急于发挥这一能力；它还让我站在了一个有利的位置去观察现实生活中优秀或糟糕的领导者。

如果我更有自知之明，在了解自己的时候能更好地分析当时所处的环境，那么我可能会问自己是否能胜任扮演军官这一角色。但是对于当时发生的所有事情，我都想不起来我有任何仔细、深入的思考。和大多数处在战争中的人一样，我只是活在当下糟糕的环境中。但神奇的是，制服似乎赐予了我特殊的能力，让我做一些该做的事情。它是护身符，是灵感的来源，象征着我的权威，标志着我的责任。40 多年后，导演过《窈窕淑男》（*Tootsie*）和《走出非洲》（*Out of Africa*）等众多好电影的西德尼·波拉克在和我的一次谈话中，告诉我他是如何通过扮演导演这一角色而真正把自己变成一个导演的：“第一次当导演的时候，我装得像一个导演，这是我唯一能做的，因为我对导演这个职业一窍不通。之前我和其他导演有过合作（波拉克也曾是一名演员），因此对导演的形象有一些概念。我甚至还试着穿得像一个导演，穿一些适合户外运动的衣服，不戴裹腿或类似的东西。如果我身边有个对讲机，我会立马拿起它。”导演这一角色，以及从里昂·比恩户外用品公司购置的一件衣服都使波拉克表现得像一个导演，最后他就真的成了一名导演。

在我的印象里，大多数战争的日子都是雾蒙蒙的。黎明来得很晚，而且总是伴随着一层层雾霭。当我们向德国南部行进时，越来越多的德军投降了，但那些坚持抵抗的士兵仍然很危险。我们的日常生活到了不堪忍受的地步。我们和外界完全失去了联系，也不知道战争何时会结束。我们收不到邮件，好几个星期没有洗过一次澡。食物完全没有味道，大多数时候，我们吃的都是像能量棒一样的东西，很硬，也没有一点儿味道。如果幸运的话，我们能吃到听装日用口粮——这是一种装有汤或者豆的罐头，我们可以在钢盔里对其进行加热。如果再幸运一点儿的话，我们还会有几块饼干，揉碎了放到汤里。行进的时候，我们总是累到极点。之前我已经讲过清理一座城镇或村庄是多么令人毛骨悚然，但住在散兵坑里却是有过之而无不及。有一天，我们在散兵坑里的时候突然遭到了迫击炮的猛烈攻击。一个装满白磷的迫击炮弹在我附近爆炸了，燃烧着的白磷喷到了我的手上。60 年来，那个伤疤总是提醒我那天是多么的幸运。我手指甲表皮那里的一小条红丝是我受伤的唯一痕迹。不久前我低头查看的时候，发现那根红丝已经褪去。它的消失让我感到很遗憾，因为它的存在会提醒我，生命就像一条线。

作战时，步兵们面临的一个可怕的危险就是战壕足。当横扫欧洲的时候，士兵们穿的是旧式的皮靴，而不是那些涂有橡胶、后来被标准化的靴子。士兵们跋涉雪地后，他们的靴子和袜子都会全部湿透。想弄干靴子只是徒劳而已，所以士兵们会用粗麻布袋把靴子包起来，如此一来，水汽就被捂在鞋子里出不来，使得战壕足越来越严重。不久后，他们的双脚就会受到感染。如果不仔细照料，脚趾甲会脱落，最终脚会变黑，而且会长坏疽。冻伤可能让士兵失去几个脚趾头，但战壕足则会让士兵失去双脚，甚至双腿。这个问题相当严重，对那些好几个星期都得待在满是积水的散兵坑里的士兵来说更是如此。斯蒂芬·安布罗斯在《公民战士》(*Citizen Soldiers*)一书中写道，1944~1945 年的冬天，45000 名美国战士因为战壕足从欧洲战场前线上被撤了下来。

一些军官认为，士兵们是在耍手段，故意得战壕足以不履行作战义务。但我觉得这很不现实，因为得了战壕足的士兵们是那么痛苦难忍，而且很有可能会致残。军队后方临时急救站的一名医生曾经告诉过我战壕足的严重性，而且唯一的避免方法就是脱掉你的靴子和袜子，清洗双脚，然后仔细地擦干净每一个脚趾头，最好是在火边烤干。这就意味着士兵们得先将水壶里的水倒在钢盔里煮热，然后泡脚，认真仔细地擦干他们的双脚，整夜把湿袜子挂在脖子上晾干，然后穿上干袜子和干靴子。但是由于天气严寒和身体疲惫，士兵们才不乐意在夜间做如此复杂的打理工作。我把那个医生的警告铭记于心。冻伤和战壕足让其他队伍失去了很多士兵，于是我决定在我的士兵面前宣讲仔细照顾双脚的重要性。虽然士兵们没有觉得我的这一举措是一项丰功伟绩，但我至少达到了两个目的：其一是让我的士兵远离折磨；其二则是在德国狙击手和其他一些无法避免的险境造成的人员伤亡外，减少士兵的损失。

宣讲仔细照顾双脚的重要性可不比能通过强制性法令操控的军事行动。每天晚上，我都会检查每个小分队，确保每个士兵都脱掉了靴子，清洗过并仔细擦干双脚，穿上干袜子，然后再穿上鞋子。我的努力最终有了回报。士兵们没有一个因为战壕足而被遣送回后方。现在想来，这是我在战争期间做的让我感到自豪的事情之一。虽然听起来挺强迫性的，甚至有点大惊小怪，但这是一个军官在履行他最重要的任务之一——照顾好士兵。直到今天，每天早上当我洗完澡，认真擦干脚的时候，我都会想起我的士兵们。

正如我提到过的那样，我们在战争时是孤立的，和外界完全失去了联系。战争期间我看过的唯一一份报纸是《星条旗报》(*Stars and Stripes*)。即使当我们深入到德国，对于希特勒屠杀犹太人的性质和规模，我们都一概不知，我们也不知道死亡集中营。有一天巡逻时，我们遇到了一群神色茫然、身体瘦弱、穿着条纹制服的人，大概有一百多个。他们个个骨瘦如柴，饱受饥饿的折磨。天知道他们遭遇了什么，似乎你一碰他们，他们就会碎成两半。我们很想知道到底发生了什么。但是他们不会说德语或英语，我猜想他们是被卖到德国做苦役的波兰人。我们感到很震惊，于是把他们移交给了医务部队，但我不知道有几个存活了下来。

战争期间下达什么命令，我就执行什么任务，就像回应一个交通信号灯一样自觉。战争是血腥模糊的，因为你不得不杀死敌人，因为你知道他也会毫不犹豫地杀死你。我对战争的记忆是如此生动且肤浅，这让我感到很吃惊。作为一个学者、一个成人，我仔细观察发生过的一切，探求其中的意义和细微差别，以及带给我的经验教训。作为一个年轻的士兵，我虽然经历了战争，但就像临床医学家所讲的那样，对决定战争的过程起不到任何影响。现在我们知道，青少年的大脑还没有完全得到发育，主导分析和判断的前额叶皮质要到 20 岁左右才会成熟。所以从这个角度考虑，青少年是理想的士兵人选。他们健康的身体可以执行高强度的任务，而他们不成熟的大脑却不会深究战争的动机或结果。但其实战争带来的情感负担并没有完全驱散，只是被搁置在了一旁。直到 2009 年，我才意识到 1944 年到 1945 年期间所发生的事情对我造成的影响。我和太太格蕾丝·加布一起去洛杉矶县立艺术博物馆参观德国艺术展。当我站在一幅黑白照片前，照片中是一个凄凉的德国农村，所有战时的画面像洪水般在我脑海中涌现出来。这次，我泪如雨下，而流泪是战争时不能做的一件事。

到了 4 月份，我们知道战争即将结束。但正是那个时候，我们才真正感到了恐惧。没人想在战争的最后一天牺牲，我们不想这么傻傻地死去。1945 年 4 月末，我们还剩最后一座城镇要攻克——在巴伐利亚和乌尔姆市附近。这座城镇被盟军飞机轰炸过，但仍然有很多高楼和教堂尖顶可以掩护德国狙击手。我们排和另外两个排的士兵接到命令，必须穿过一小片飞机场，拿下这个镇。很显然，如果没有装甲支援，我们很容易受到敌军火力的攻击。所以我的两个前方观察员通过无线对讲机请求坦克支援。坦克指挥官及时赶了过来，看了一眼毫无掩蔽的飞机场，随即拒绝为我们开路。我不知道当时中了什么邪，在准确无误地猜到这个坦克指挥官的父亲的身份后，我对他说一定要为我们掩护，那时我已经拔出了手枪。他显然年纪要比我大，我在 3 月份的时候刚刚满 20 岁。他被我说服了。我们在三辆坦克的掩护下，冲进了多瑙河附近的那个小镇，那个指挥官的坦克就开在最前面。这场战斗结束后，我的上级颁发一枚铜星勋章给我，奖励我那天的气概。

当战争在法兰克福结束，欧洲战场硝烟渐止后，我留在了军队里。我在之前的法本公司大楼里拥有了自己的办公室，这里曾是艾森豪威尔将军设立总部的地方。这座大楼里有一部电梯，不停地往返于底层和顶层之间。这部电梯没有门，也不会完全停止，所以你得跳上去或者跳下来，但我却从来不会对它感到厌烦。和其他幸存下来的陆军少尉一样，我被升职为中尉。在法兰克福，我的工作负担很轻。我参加过一个项目，现在回想起来，这个项目为我今后在领导力和社会科学方面产生兴趣埋下了伏笔。我和两个社会心理学家一起，就作战的士气、军官的品质和未来的打算等问题采访了一些士兵。我还在军官俱乐部里度过了很多时光。俱乐部里的桌布是雪白的，服务员非常热情，他们会满足我们所有的需求。对于我这个不久前还在用钢盔盛放政府救济汤的年轻人来说，所有的一切都像梦一样，我开始自学一些将来可能用到的技能。我悄悄地观察其他军官在吃一道菜的时候用哪个刀子或勺子。在军官俱乐部，我成了一流的观察者。另一个比我年长一些的女士在周末会和我一起探讨欧洲城市是如何在纳粹统治过后渐渐复苏繁荣起来的。她是陆军妇女部队的一员，应该已经 28 岁了。我还学会了如何调出一杯非常干的马丁尼酒。

1945 年 8 月 6 日，我在海德堡大学城的一个基地里。那时我还是一个军官，我的职责是视察基地里每个哨所里的士兵。有一天，一个士兵瞪大着眼睛，喜形于色地朝我敬了个礼，然后脱口而出："长官，长官，你听到那个消息了吗？消息来自军队广播。"我让他先平静一会儿，但是却没办法让他停下来，"长官，我们在广岛投了 20 000 吨炸药。广岛完啦！他们说日本马上就要投降啦！你想跟我进来，亲自在收音机里听一下这个消息吗？"我感谢他告诉我这个消息。他又敬了个礼，说："不客气，长官。"他微笑着，脸上洋溢着单纯的快乐，然后说道："现在，我们终于可以回到以前的生活中了。"

那一刻我意识到，我不想再过原来的生活了，我想创造新的生活。

第二章 登陆新生活

在我去安迪亚克大学就读之前，这所大学就已经吸引了我。在战争的间歇，士兵们总是会谈论家庭情况。我的送信员贡纳则经常会狂热地赞美他那位于俄亥俄州黄泉市的具有百年历史的母校。贡纳的理想是成为一名临床心理医生，他深情地回忆着安迪亚克大学对荒野保护所作出的努力、学校的教学质量和工读计划的优点。我家没有人上过大学，哥哥西摩高中就辍学了。我从没想过我能支付得起念大学的费用。尽管《退伍军人权利法案》于 1944 年就通过了，宣布退伍老兵可以接受大学教育，但这个好消息却并没有传到散兵坑里。贡纳告诉我，安迪亚克大学和其他大学不同，它是一所先进的大学，尽管当时我没有完全理解“先进”的含义。学生可以一边在学校学习，一边有一份真正的工作赚些钱。这种工读形式被称作合作体制，是前校长亚瑟·摩根提议设立的。亚瑟·摩根原先是一个工程师，后来成了罗斯福总统任职期间田纳西州流域管理局的首任主席。贡纳说，合作体制不只是让学生付得起念大学的费用而已。他的心理学课程对他的工作有所帮助，如帮他测试那些想要应聘梅西百货公司职位的申请人，他的工作反过来又加深了他对课程的理解。

1947 年，我从军队退役后，我的父母就搬回了东海岸，住在布朗克斯。

退役是个艰难的决定，因为我在军队里的表现很出色。更重要的是，战争让我学习了领导力这一课程，所以我已经有所改变，也感到充实。可以肯定地说，战争在20世纪后半叶造就了很多真正的领导者。那些一做决定就会关乎他人生死的人都会很认真严肃地对待领导力这一问题。

如果说战争教会人坚忍不拔，那么战争过后的岁月则给人上了另外一课。战争意味着冷酷无情，但也是个重启按钮。遭受过死亡的威胁后发现自己仍活着，这会让你改变很多。战后是涡轮增压器的时代，生活变得有点不真实。在战后的欧洲，作为一个有模有样的年轻美国中尉，我有了一定的声望，政府也为我提供了公寓、吉普车，并配备了一名驾驶员。经过数月的纪律化生活和战场带来的巨大压力，我每天早上醒过来时，都庆幸自己拥有了自由。我在军队里的职责是微不足道的。在法兰克福，我和一个出色的女孩谈了第一场恋爱。谈恋爱在当时是被禁止的，因此这段关系更令我感到刺激。埃斯特尔是陆军妇女军团的上校，她的级别比我高，而军队是禁止不同级别的军官之间有任何深交的。周末，我们俩会去德国、瑞士、比利时、荷兰、卢森堡探索那些遭到战争摧毁的大城市。上高中的时候，我觉得生活非常的狭隘，那时总觉得欧洲是成熟的缩影。现在，大片欧洲的土地就在我面前等我学习和开发。埃斯特尔和我一起，仔细、谨慎地研究我们遇到的每一个欧洲人，就像我在军官俱乐部里观察我的同事一样细致，我们都希望能学到一些古色古香的传统文化和他人的优雅魅力。我意识到我正在创造另一个自我——沃伦·本尼斯，一个阅历丰富的年轻人了吗？我认为没有。那我是在学习如何选择一瓶好酒、如何搭配什锦鸡尾酒吃法国田螺吗？这还用说！

尽管整个西欧都在等着我去探索，但接受正规教育的愿望却在召唤我回家。在《退伍军人权利法案》的规定下，任何退役老兵都能获得政府资助，一旦被任何一所学院或大学录取，他就可以去接受大学教育。我对选择哪所大学一无所知，但是，在军队待了四年后，我确信自己能搞定。我手上没有制定可能会录取我的大学清单。加利福尼亚大学洛杉矶分校是很吸引人的——出于陆军专业训练计划的要求，我在加州大学洛杉矶分校待过三个月，学习卫生工程学。我还想过树立一个远大目标，试试看哈佛大学，但最后因为觉得这个想法太狂妄自大，于是放弃了。我越来越多地考虑贡纳描述的安迪亚克大学——这是一个学术伊甸园，有着宏伟堂皇的双塔楼，长满了见证美国内战的参天大树。多亏了《退伍军人权利法案》和合作体制，我能支付得起在安迪亚克大学这个乐园学习的费用。

回到美国后，我发现贡纳不是安迪亚克大学的唯一支持者。在东北部，尤其是在一群受过良好教育、有点激进的教授中，这所学校也获得了高度的赞誉。他们经常把安迪亚克大学和欧柏林学院、里德学院、斯沃斯莫尔学院相提并论。曼哈顿精神病学家和开明的工党领导人都会把他们的孩子送到安迪亚克大学。学校充满着具有传奇色彩的自由主义，蔑视希腊社会和大学运动。它还是地铁的一个站点。另外，1863 年，它正式对黑人学生敞开大门，也是美国允许男女同校的几个大学之一。学校还聘用女教师加入教职员工队伍，和男教师享受同等的工资待遇，这也是史无前例的举措。但在 1947 年，我都不知道这些事实，也不知道如果我了解这些事实后会对我产生多人的影响。但我知道安迪亚克大学享有学术严谨的声誉。在我坐船到国外去之前，我正在和一个名叫艾琳的钢琴师谈恋爱，她很有天赋，也很可爱，是曼哈顿声名远扬的艺术高级中学的一个学生。回国后，我告诉艾琳我打算报考安迪亚克大学。艾琳回答道：“那是一所很好的学校，但很难被录取。”她说对了。虽然安迪亚克大学不像常春藤联盟那样对学生精挑细选，但在当时，它也会把四分之三的申请者拒之门外。最终，安迪亚克大学是我唯一申请的大学。我常常觉得，从某种程度上说，我被录取的原因可能是因为我曾是一名军官，再加上我申请时填写的居住地是洛杉矶。对安迪亚克大学这样一所注重多样性的学校来说，我在人口结构和地理位置上都是令人满意的。我想去这所大学其实还有另外一个原因，因为我知道贡纳再也不会回来了。在1945年我们和德军作战的最后几天里，他被迫击炮击中，不幸牺牲了。

我坐火车到了斯普林菲尔德，然后搭了10英里的便车到达黄泉市。这趟火车旅行是值得一提的，因为坐在我对面的一个男子总是不停地大声数落我，问我为什么要选择安迪亚克这么一所亲犹、亲共、亲黑人的大学。在当时，这样的诋毁是很常见的，尽管最近我们也总是能看见一些令人震惊的新闻影片，记载着种族歧视在欧洲造成的巨大影响。我这一代的人，可能除了拉娜·特纳和加里·库柏以外，在成长过程中都被贴上过犹太人、外国佬、波兰佬、鲭鱼—啮鱼、瘸子或者其他恶毒的标签，因此我们深知其中的伤痛。人们很容易淡忘掉这些无形的杀手曾经多么凶猛地摧残过这个国家。那天在火车上，面对那个抱有偏见的人，我没有勇敢地说出我的不赞成，只是以默不作声表达我的反对。时至今日，每当想起来，我都觉得很不好意思。要是在安迪亚克大学，他准会被唾沫星子淹死。

不久前，有人问我，当时是否很渴望即将到来的大学生活。对于参军，我一点儿也不渴望上大学。你若问我想起黄泉市时有多兴奋？我想说，至少没人开枪打我。我对大学生活的前景感到很激动。在家里，我总觉得自己是个局外人。而现在我是多么高兴，因为我要离开家人给我圈住的小世界，奔向我认为更适合自己的新世界。报名参军是奔向新世界的开端。但是，从真正意义上来说，今天的我其实是在安迪亚克大学和麻省理工学院造就的。这两所学院最重要的是改变了我对工作的定义。在那些不同寻常的学术氛围中，我亲身体验到，工作不一定意味着父亲所说的不间断地、麻木乏味的体力劳动。工作，或者说有薪金的工作，也可能是指那种全身心投入的大脑活动，或者一群人合作解决一个有意义的问题。能从战争中幸存下来，我就知道自己是个幸运的人。但是在安迪亚克大学和麻省理工学院，我才真正意识到自己到底有多幸运。这些学院赐予了我一种总是有发现、不断有革新、一直有惊讶的生活。我不知道自己是否有好的素质，但我知道在学习上我必须比我的同学更加刻苦，学校就是我应该待的地方。

现如今，你总是能听到人们很气愤地指责政府不能做出正确的决策，而那些受到《退伍军人权利法案》影响的人是不会这么想的。《退伍军人权利法案》给老兵提供担保，可以贷款去买房或创业，帮士兵找工作，或者给他们失业津贴。这项权利法案最重要的是使高等教育在美国变得民众化，但却没能在大多数声望较好的学院和大学里打破对犹太人和其他少数民族限定人数的规定，也没有终止对非洲裔美国人和对女士的歧视。战后的时光对黑人老兵来说更是心酸，因为他们虽然被允诺可以同等享受《退伍军人权利法案》中的权利，却从来没有真正实现过，尤其是在深受吉姆·克劳法[1]影响的南方。但是，这项法案确实打破了长久以来仅仅接受那些富人和优势人群子女接受高等教育的限制，也让常春藤联盟在不考虑财富和阶级地位的前提下为成千上万有才华的美国学生打开了大门。这让大批美国人从中受益。

直到最近我才发现，1947 年我在安迪亚克大学开始学习时，大概有百分之四十九的美国大学生都是因为《退伍军人权利法案》才上的大学。这个数字折射出法案是多么彻底地改变了人们的生活。多亏了它，只要是退役老兵，那么他的子女就有机会过他们想要的生活，这在战前，尤其是经

[1] 泛指 1876 年至 1965 年间美国南部各州以及边境各州对有色人种（主要针对非洲裔美国人，但同时也包含其他族群）实行种族隔离制度的法律。

济大萧条期间是令人难以置信的。最近，一封寄给《纽约客》编辑的信道出了老兵们能接受教育对我们这一代人的有利影响。这封信的作者是来自纽约市萨拉托加斯普林斯的詹姆斯·罗森伯格，他就第二次世界大战后创意写作计划的广泛施行，对路易斯·梅南[1]在2009年所写的一篇文章作出了回应。作为一个诗人和一名在卡内基·梅隆大学教授剧本创作的老师，罗森伯格写道："梅南的文章引起了我的共鸣，直到今日仍觉余音绕梁。我也是一名第二次世界大战的退役老兵，从战场上回来后，我就一直得益于《退伍军人权利法案》，在丹佛大学新近开设的创意写作计划中找到了自我……那是我一生中最激动的回忆，远远比在阿登战役中作战还要让我回味无穷。虽然在这个项目中没有出现罗伯特·洛威尔或欧内斯特·海明威之类的作家，但对于我来说，它给了我机会，让我和一些才华横溢、极富激情的人有了交集……我真希望我的学生能和我在丹佛大学所经历的一样，过上一两年激动人心的日子。和梅南一样，这段经历对我来说也是千金不换的。"

我就像个城里人一样，爱上了田园诗般的安迪亚克大学。黄泉市距离代顿市有20英里远，是个秀美的古镇，原本想开发成一个乌托邦式的社区，但没有成型。战后的几年里，黄泉市到处都是做小本生意的人，这体现了该地的创业精神。很多商店都要迎合校园里那些放荡不羁的学者——凉鞋鞋带坏了，可以随时去商店里换。如果布莱噶东[2]真实存在的话，那么安迪亚克大学应该就是这个异世界上的地方高校了。学校里宏伟的中央建筑被叫作主大楼，在它的后面坐落着格伦·海伦幽谷。我不知道这个海伦是谁，但是以她命名的这座幽谷是校园里绝佳的休憩场所。这里有上千亩的古树和夹杂着灌木丛的草地，如果大学里的园丁因为太忙而不经常去检

---

[1] 普利策奖得主，英美语言文学教授。

[2] 动漫《玛琳与梅兰》中的异世界。

查修整的话，那么这个幽谷肯定会变成一片荒野。幽谷非常吸引人，而且近在咫尺，总是能令人感到惊讶，因为它每时、每天、每个季节都会呈现不同的姿态。一条小溪涓涓流过，但在这里钓鱼是不允许的。当然，享用这个幽谷完全是免费的，这对像我一样没钱的安迪亚克人来说意义重大。即使有《退伍军人权利法案》的资助，钱还是很紧张。于是，我加入了俄亥俄州国民警卫军，一个星期训练一晚，赚一些外快。

你可以和朋友一起在幽谷漫步，也可以独自一人退隐于此，躲避紧张的生活节奏，因为在安迪亚克大学，只有当所有人都入睡时，大家才会停止捍卫各自强烈坚持的观点。当身处幽谷时，你才会知道，自然拥有着神奇的力量，它能解决所有烦扰你的问题。你可以和一个女孩一起在幽谷游荡。尽管在那个年代，男女生已经合住一栋宿舍楼、合用一间洗手间，但安迪亚克大学还是禁止一切性行为。因此，那些拎着野餐篮子到幽谷里的情侣并不是真的去享受火腿三明治和芥末蘸蛋的。我觉得在入口处应该设个小卖部出租毛毯。除了主大楼和格伦幽谷，安迪亚克大学还有第三个地标性建筑。在主大楼的后门入口处树立着学校创始人贺霍瑞斯·曼的雕像，他是一位具有传奇色彩的教育改革家。曼对社会公平事业投入了无限热心，这在安迪亚克大学创立伊始就对其产生了重大影响。雕像上刻着他在1859年对毕业生的训诫："要为人类赢得一些胜利，不然你就得羞愧而死。"

刚到安迪亚克大学时，我不感到害怕，倒觉得自己很脆弱。现在我才意识到那和我脱掉了制服有关。劳伦斯·奥利弗[1]曾经说过，你穿上什么样的制服，就会相应成为什么样的人。当我穿上少尉制服的那刻起，我就接受了军官这一角色和随之而来的所有责任和期待。衣领上的金杠时刻提醒

[1] 劳伦斯·奥利弗（1907年5月22日—1989年7月11日），英国著名戏剧演员，并身兼导演与制片人等多种职业。

我努力工作，不辜负所有人的期望。当时，安迪亚克大学和其他大学的不同之处在于，它对着装没有要求，因此也没有制服。学生们总是穿便装，从实用角度出发，根据天气情况选择合适的衣服。有时出于合作体制下的工作需求，学生们会穿西装或裙子。一开始，没有制服明确我和别人的关系，没有制服为我在这个吸引人却又高要求的新世界里导航，我觉得有点茫然不知所措。我也意识到战时的经历在这儿完全派不上用场（呼吁士兵们仔细照顾好双脚的回忆立马涌现出来）。如果我想胜任大学生这个角色，那么我首先得知道如何做到。只要稍加打磨一下那些助我成为一名军官的方法，我就能找到相应的途径。在校园里，我开始仔细观察起我周遭那些让我倍感敬仰的人。

安迪亚克大学是我到过的最不会令人感到无聊的地方，它总是充满着让人激动的氛围，呈现出活跃的状态。学生的数量并不多。20 世纪 40 年代末，学校总共只有 1200 名学生，但是，由于合作体制，无论何时，校园里都只有 500~600 名学生。安迪亚克大学秉持的哲理和载有的声望吸引着聪明、有特质的学生，他们在这所大学里可以发挥特长，而离开学校可能就没有了用武之地。学校欢迎怪才，许多有着稀奇古怪爱好的学生在这里将爱好变成了专业追求。我的同学中有人成了洞穴学者和蜘蛛学专家。他们的父母总是担心他们待在地下或洞里的日子何时才能结束，对这样一个从没见过蜘蛛、非常讨厌蜘蛛的孩子而言未来会是怎么样。安迪亚克大学对那些出位的激进主义分子、贵格会教徒[1]、佛教徒、无神论者，以及那些拒绝穿及踝短袜，像高中生那样卷起裤腿的人而言更是一个安全的港湾。

---

[1] 又名教友派、公谊会。兴起于17世纪中期的英国及其美洲殖民地，创立者为乔治·福克斯。“贵格”为英语 Quaker 一词之音译，意为颤抖者，贵格会的特点是没有成文的信经、教义，最初也没有专职的牧师，无圣礼与节日，而是直接依靠圣灵的启示，指导信徒的宗教活动与社会生活，始终具有神秘主义的特色。

每一个安迪亚克人都有自己的观点，并且会极力维护，只有在点香烟的间隙他们才会停止争论。这里的参与意识是很惊人的。在其他地方，不同的政治运动之间都会存在一定的隔阂，但在安迪亚克大学，各种政治运动就像“莫比乌斯环”[1]一样紧密相扣。亨利·华莱士[2]的支持者和共产党员的支持者总是能勇敢地按响当地居民的门铃，尝试去改变黄泉市居民的信仰，尽管他们经常会失败。居民们都以礼相待，所以学生们也总是还之以礼。1948年是一个天真的时代。那一年，在诺曼·梅勒[3]的畅销书《裸者与死者》（*The Naked and the Dead*）发表后，很多学生开始借用梅勒奇怪的委婉语，管士兵们最常用的粗话叫“污浊空气”。

尽管在安迪亚克大学，政治因素总是蠢蠢欲动，但这里对学术的态度是很严肃的。最近我才知道，比起美国其他大学，安迪亚克大学曾一度培养了很多博士。一些科学系尤其厉害，培养了很多杰出的校友，如进化生物学家斯蒂芬·杰伊·古尔德、诺贝尔生物学奖得主马里奥·卡佩奇等。现在回想起来，我没能好好利用安迪亚克大学营造的学术氛围，尤其是理科方面的良好氛围，让我感到很遗憾。现在，我总是让学生自己去鉴定有着伟大思想的好老师，不管老师教什么都要选修他们的课。但是当我在安迪亚克大学就读时，我总是选修那些容易得A的课程。

尽管我选择课程的标准很不靠谱，但我确实遇到了几个出色的老师，其中之一就是演员约翰·利斯戈的父亲亚瑟·利斯戈。作为一个专业演员，

---

❶ 公元1858年，德国数学家莫比乌斯发现：把一根纸条扭转180°后，两头再粘接起来做成的纸带圈，具有魔术般的性质。

❷ 亨利·华莱士（1888年10月7日—1965年11月18日），美国政治家，富兰克林·罗斯福时期曾任美国农业部长、美国副总统；杜鲁门时期任商务部长。

❸ 诺曼·梅勒（1923年1月31日—2007年11月10日），美国著名作家，也是美国争议最多的作家之一。1948年，凭借小说《裸者与死者》在世界文坛声名鹊起，之后他又推出《夜里的军队》，一系列杰作的问世奠定了他在美国文坛的领袖地位。

亚瑟·利斯戈认为，当代戏剧舞台不仅仅是为了娱乐，它仍然留有古代戏剧的功能，那就是建立社团。在安迪亚克大学，他和别人一起导演了一个宏伟的夏令营节目。他把很多专业演员聚集到校园里，表演了几出古典与现代完美结合的戏剧。他们在主大楼后的草坪上搭建了一个大帐篷，这些戏剧就是在那里上演的，吸引了很多戏剧爱好者，有些甚至从克利夫兰和辛辛那提远道而来。我毕业的那一年，利斯戈和别人一起策划了一个安迪亚克莎士比亚戏剧节，分六季上演莎士比亚的戏剧。后来，他又成立并领导了许多著名的地区剧院。

在安迪亚克大学，我开始了对戏剧的毕生热爱。在利斯戈的课上，我们学习了阿瑟·米勒的《推销员之死》(*Death of Salesman*)。1949 年，这部戏剧由伊利亚·卡赞导演，李·科布饰演威利·罗曼，在百老汇上演，获得巨大的成功。我们按照亚里士多德提出的悲剧元素分析了这部戏剧，但至今留在我记忆里的仍是利斯戈从阶级的角度对这部戏剧的解读。在当时那个旧阶级正在分崩瓦解、中产阶级冉冉升起的美国，他的分析角度是很合时宜的。直到利斯戈指出，我才注意到威利的姓 Loman 听起来很像 Low-man，意指地位低下的人。当我们一行一行细读剧本时，我发现威利其实是个普通人，他拼命想挤进入后工业化的社会中。他的美国再也不生产有意义的东西，反而开始卖东西。而威利能兜售的只有一种稍纵即逝的产品，叫作“个性”。一种没有灵魂、易变的生活方式和莎士比亚式杀手一样，正在慢慢地、无情地消磨威利的生命。我不知道有多少人和我一样，在威利身上看到了自己父亲的影子。像利斯戈这样的课才是大学真正的精髓所在，因为在这些课上，既要掌握一些高要求的知识，又要有自己的看法，这是非常忙碌充实的。从那时起，我对这种感觉久久不能忘怀。

不管安迪亚克人是多么的智力超凡，他们从不忘记那些没能过上富裕日子的美国公民。尽管在一个世纪前，安迪亚克大学就正式宣布不存在歧视，但是学校很少有少数民族学生。为了尽快改变这种现状，安迪亚克大学和其他少数学院、大学一样，颁发奖学金给那些在第二次世界大战期间遭受囚禁的日本学生。同时，学校也开始给非洲裔美国人颁发奖学金，艾迪斯·斯科特就在1943年拿到了第一笔奖学金。她的妹妹科蕾塔也紧接着获得了第二笔奖学金。她比我大两届，跟着沃特·安德森学音乐。在这样一个以白人为主的大学里，沃特·安德森是第一个当上系主任的非洲裔美国人。后来在波士顿，我见到了科里，也就是我们常叫的科蕾塔和她的丈夫马丁·路德·金。当时，马丁·路德·金还是波士顿大学的博士候选人。科蕾塔很外向，很有魅力；而金就相对比较矜持，甚至有点害羞。利昂·希金博瑟姆是全国有色人种协进会安迪亚克大学分会的会长，后来他成了著名的法学家和民权领袖。希金博瑟姆是从普渡大学转学过来的。在普渡大学，他是印第安纳州大学众多黑人学生中的一员。这些黑人学生因为被禁止在普渡大学住宿而抱怨，普渡大学校长却说他不关心这类事，而安迪亚克大学在乎。

一旦你离开安迪亚克大学，即使你到像黄泉市这样相对包容的地方，你也能看到排斥黑人的丑陋迹象。尽管当地公立学校的学生有黑人和白人，但老师都是白人，所以科蕾塔只能在安迪亚克大学的附属小学教书。就像一个世纪前霍瑞斯曼要求的一样，安迪亚克人认真地履行着他们改善世界的承诺。黄泉市的一个理发师拒绝给黑人理发，因此安迪亚克人集体抵制他。很多白人学生去黑人理发师那儿理发。康姆斯是镇上唯一一个同时接待白人和黑人的酒吧，于是安迪亚克人总是成群结队地去那里，尤其是那些整晚在自动唱机上播放约翰·柯川歌曲的校园才子们。镇上只有一个电影院，它不禁止黑人入内，但会把黑人限定在最后的五排座位上。黑人专区被一根白绳隔开，在我看来，那根白绳是一种无意的讽刺。一天晚上，我们中的几个人真的觉得受够了。买好票后，我们游行到影院的后排座位处，永远地废除了那个被孤立开的不平等座位区。当然我们的行为绝对称不上是争取民权的一次重要运动。我们移开了那根令人讨厌的白绳，把它卷起来，并带出了电影院。我怀疑我们是否改变了电影院主人的种族观点，但白绳的消失确实是一件好事。从那时起，任何人都可以坐在剧院的任意位置，观看亨弗莱·鲍嘉[1]的电影。

尽管我喜欢安迪亚克大学和黄泉市，有时候我仍会觉得它们还是挺小挺封闭的，尤其是在我旅游过几个西欧国家之后更是感觉如此。我总是因为时不时感到忧郁而酷爱旅行。当这种旅行癖发作的时候，我会借辆车，开到俄亥俄乡下。我心里没有一个具体的目的地。很多小村落都会在路边设有旅馆和临时酒吧，酒吧里还有自动唱机，有时还能听到现场演奏的音乐。因此，我的漫游总会以停在其中一间酒吧为止。有时，当我摇下车窗，在夜间驱车前行时，我能循着西部乡村音乐中那哀号般的弦声找到一家旅馆。音乐陪我度过了一段孤独的青少年时光，但这种乡村音乐对我而言是一种新种类，能让惆怅的心情沉迷其中。在旅馆里，我会坐在吧台前，点一瓶啤酒。老顾客们总是很容易接纳陌生人，这让我感到很惊讶。点好酒后，我会让自己沉浸于那些用小调唱出的伤感之歌中，这种歌可是乡村音乐的灵魂所在。

正是在同样烦躁的心情下，我在战后德国有了一次奇特的遭遇。我把这个故事告诉了大学里的一个朋友，我想可能是柯利弗·格尔兹，现在他可是世界著名的人类学家之一。这个故事发生在法兰克福，当时我被临

[1] 亨弗莱·鲍嘉，美国男演员。1942年凭借在《卡萨布兰卡》中出色的表演获得奥斯卡最佳男演员奖提名。1951年凭借《非洲女王号》获得奥斯卡最佳男主角奖。1999年，被美国电影学院评为电影诞生100年以来最伟大的男演员。

时安置在那里。一天晚上，我去市里散步。最后，我来到了镇上多沙的一带——这一带可能被盟军炸毁过，也可能原来就很破旧，不知道具体是哪种原因。这里不危险，但比我通常独自一人在晚上散步的地方要杂乱。最后我走进了一家旅馆，里面很昏暗、凉爽、诱人。坐在吧台前，我点了一杯威士忌，当我慢慢品酒时，我发现旁边一张桌子上坐着一个年轻女士，她长得很美，有种异域情调，和我在基地陆军妇女部队里看到的姑娘完全不一样。她对我微笑，邀请我坐下。她不会说英语，但我可以讲一些德语，于是我们就开始了交谈。随着时间的推移，我越来越喜欢她，她似乎也同样为我痴迷。我们又喝了几杯。最后，她笑着问我是否愿意跟她回到她的房间。通常我会说不，通常从一开始我就不会走进这样的酒吧。但她是那么的迷人、激动、有魅力，更何况一点儿不具危险性，于是我答应了。她说她就住在附近。不用说，在战后德国，孤男寡女共处一室，经过这么多眉来眼去，喝了这么多酒，我们最终做了和大多数年轻人一样会做的事。我们俩都很害羞，整个晚上都关着灯，最后我们都睡着了。第二天早上我醒来的时候，那个女孩儿还睡在窄床的另一边。在一间陌生的房间里醒来，我有点不知所措。我环顾四周，弄清楚自己在哪儿后，看了一眼凌乱的床单。就是在那乱成一团的床单里，我看见了她的假肢。

这时，一声不吭的柯利弗突然说道："沃伦，你得把这个故事写下来。""你真的觉得大家会感兴趣吗？"我问道。当我在向柯利弗讲述这个经历时，我发现其实这个故事是多么诡异、伤心，甚至可以说是战争的象征。那天，我就把这个故事——我的第一次写了下来。我写得很短，不超过三张纸，简单直接。一旦我想稍微润色时，我都会想起海明威，然后就把所有的形容词省去。经营安迪亚克文学杂志的学生接受了这个故事。我还记得杂志的编辑和我讨论了所有可行的题目。我们都拒用带有"空虚"

这个词的题目，我不记得最终出现在杂志上的标题是什么了，可能是类似于“早间惊喜”这样醒目的题目。安迪亚克大学是个小型的社区，任何消息都会不胫而走，用现如今营销人员的话就是病毒式传播。那天晚上，杂志就问世了，结果大学里的每个人都知道了我是谁。我没想到这个故事会引起这么多关注，就连之前没有和我说过话的人都会突然邀请我去参加派对。这让我有种冲动，觉得应该多尝试写作。

安迪亚克大学的合作体制对我来说是最主要的诱惑。一开始，我以为它仅仅只是帮我们支付大学费用，但这个体制在很多方面都有很大的价值。这个体制是亚瑟·摩根在 1921 年设立的。亚瑟·摩根在当学徒时就学习了工程学，而不是在大学里或技校里学习的工程学。这个体制反映了他的信仰，那就是要通过观察、实践和课堂教学学习。多亏了摩根，我在安迪亚克大学最大的收获就是学会了实用主义和尊重工作的价值。很多教师和学生都知道，无论是工作场所还是文理学科都存在着创造性，这是受附近的代顿[1]影响。代顿极具前瞻性，是各项发明和商业的中心。安迪亚克大学的图书馆是由查尔斯·凯特灵[2]赞助的。凯特灵是代顿工程实验室即后来的代顿工程实验室公司的创始人，也是很多专利权持有者，他发明了加铅汽油、氟利昂制冷剂、汽车发动机和其他很多有用的东西。和摩根一样，凯特灵坚信实际经验才是最好的老师。在他资助的图书馆里，他只答应挂一块牌匾，上面写着“如要进馆，后果自负——查尔斯·凯特灵”。对泰德·莱维特[3]这样一些在商业方面具有独创意识的人来说，尊重商业创新的安迪亚克

---

[1] 美国俄亥俄州一城市。

[2] 查尔斯·凯特灵，（1876 年—1958 年），享有“创新之父”之称，在通用汽车开创了一个时代开始，技术革新便成了这家全球知名汽车制造商的核心理念。

[3] 泰德·莱维特，哈佛大学营销学专家，提出了“企业的市场定义比企业的产品定义更重要”。

大学就是一块沃土。莱维特比我大两届，后来成了哈佛大学的一名著名教授。他率先意识到市场营销不只是销售，市场营销是商业和消费者交流的渠道。1960 年，他在《哈佛商业评论》中发表了一篇改变商业历史的“营销近视”的文章，要求经商人士从大体上了解他们卖什么（他还比大多数人更早地意识到全球化的重要性）。我就读安迪亚克大学时没有一个清晰的计划，主修了经济类，辅修了心理学。我想，经济类专业可以帮我找到工作，心理学可以助我和老兵更好地聊聊退伍后的话题。安迪亚克大学总是欢迎反对意见的提出——绝对的非专制主义。当大多数文科学校鄙视商科时，安迪亚克大学却很重视；同时，安迪亚克大学还很重视传统学科，这又是我的一个幸运之处。

在合作体制的精神下，安迪亚克大学看在我为军队效力的份上，给了我一年的学分，这意味着我读四年大学就可以毕业，而不用读五年。大一新生可以选择整年都待在学校里，但我想尽快工作。在我读大一那年的 11 月初，我开始了在芝加哥一家小型化学工厂里为期 12 周的工作。在安迪亚克人聚集的芝加哥南边，我和另外两名学生在一家公寓里合租了一间房。

在这家工厂里，我既在生产线上将化学药品装瓶，又在办公室里记账。这家工厂的厂长之前和安迪亚克的学生合作得很愉快，因此很欢迎我们三个。后来我工作地方的老板都是那种公事公办的类型，但这个老板不一样，他是个虔诚的教徒，凭信仰而活。他很喜欢我，好几次甚至还要我陪他一起去教堂。我想他可能希望身体力行地去感染我，也让我把上帝作为救世主。在欧洲，我曾去过很多大教堂，所以在教堂里我感到挺自在的，跟着他站立、唱歌，或者虔诚地低下头，但是我没有感到灵魂上的觉醒。我也从来没有告诉过他我是个犹太人，我怕他知道这点会影响我们之间的友谊。很显然，他对基督教非常虔诚，总是按信仰做事。当时，就连内科医生都有自己最喜欢的香烟品牌，可是那个厂长却觉得吸烟是有罪的。如果看到你嘴里叼着一根香烟，他会把你的香烟拿掉，给你一个苹果。

1947 年的圣诞节期间，我的母亲来看过我。她乘坐 20 世纪有限公司的火车，去洛杉矶看望她的老朋友弗兰西斯·托拜尔斯。母亲在芝加哥停了一下。就是因为这个托拜尔斯在比弗利山庄经营着一家欣欣向荣的药店，我父母也搬到了南加利福尼亚州，希望能改变命运。但他俩是小生意人，因此在南加州经营得也不成功，于是现在他们又搬回了纽约市，艰难地生活着。我的父亲为他的侄子打工，制作木柜，用来放置收音机和现在很受欢迎的新产品——电视机。他在一间小阁楼上，日复一日地操作着车床。锯屑铺满了一地，木屑的味道也弥漫着整个房间。母亲和我在化学工厂见了面。我带她到餐厅里吃了一块三明治，喝了杯咖啡。那是个芝加哥式的冬天，又冷又湿，我们俩面对面坐在这个又小又沉闷的餐厅里，就像爱德华·霍普[1]画里的人物。餐厅里几乎没什么人，而且有一股酸臭味。自从母亲写信给我说她要来，我就一直对我们的相见感到很恐惧，现在我知道为什么了。"沃伦，"母亲说道，"你的父亲真的需要你。我很担心他，他不再年轻了，可是还在卖力工作。我不知道他还能工作多久。"母亲明显地停顿了一下，继续说道，"我希望你能回家帮帮他。"突然，我眼前闪现出一副父亲的画面，好像他在台上演出一样。他站在透明幕后，一个模糊的身影在车床上埋头苦干。这幅画面让人心碎，也让人心生害怕。我感到很惶惑，同时又很机警，好像又回到了被敌人十字准心瞄准的日子里。刹那间，画面一下子转换，透过薄幕，我看到的不是父亲，而是我自己。我的所有希望都毁在了那个车床上。我觉得母亲很自私，尽管我知道那份工作确实

[1] 爱德华·霍普（1882 年 7 月 22 日—1967 年 5 月 15 日）是一位美国绘画大师，以描绘寂寥的美国当代生活风景闻名。

在摧残着父亲（父亲59岁时就死于肺气肿）。但我知道，离开学校就会失去一切，包括几个月前才开始的新生活，我刚刚才开始设想这种生活中的一切可能性。我爱我的父亲，但我不想成为他。如果回去，我知道生活会变得很艰苦、很糟糕、很寻常。总有些时候，我们要面对一些永远会改变我们生活的决定。如果幸运的话，我们可以把这些时刻放到标有“致命威胁，差点就错过”的文件夹里。在这种时刻，我们没有时间权衡其他选项，而只能作出正确的或错误的选择，然后承担相应的后果。我很快就作出了回应。“妈，”我说道，声音很轻但很坚定，“我不能回家。我必须完成我的学业。”

1948年，亚瑟·摩根亲手挑选了道格·麦格雷戈作为安迪亚克大学的校长。二十年后当我考虑任职大学校长时，整个程序经历了一流的遴选委员会、外聘顾问，以及历时数月的候选人面试，保密程度可以和中央情报局相匹敌了。相反，在剑桥大学，摩根碰到了担任麻省理工学院教授的道格，并且很喜欢他，然后就给了他这个职位。没有正式的程序，单凭摩根觉得道格是最合适的人选；道格也觉得安迪亚克大学和他有着相同的价值观，这个职位可能是个有意思的尝试。就这么简单。他们握了握手就敲定了。不知不觉地，他们改变了我的生活。

道格是在1948年的秋天来学校任职的，他的到来引起了巨大的轰动。在他举行的第一次全校评议会上，道格透露道，比起四年的大学生活，他在精神分析领域所花的四年时间让他更有收获。和其他大多数学生一样，我感到很困惑。那时的大学校长总是显得很正式，甚至有点孤傲冷漠，所以作为一个新校长，道格在众多学生面前揭露了自己曾担任过分析师的经历，这是很奇怪的一件事。无怪乎在讨论课程设置上弗洛伊德是否应该取代莎士比亚和微积分时，安迪亚克大学所有教师都皱着眉头表示不同意。在那次评议会上，道格还提出学校停止上课一周，这样的话，大学成员就可以分成小组，讨论并明确大学的目标。由于这其中提到了改变，因此即使在具有前瞻性的安迪亚克大学，他的建议也足以让人心绪不宁。

道格按计划行事，把安迪亚克人分成小组，讨论学校的前景。他宣布周五全校停课，这样的话，小组成员就可以集合起来进行讨论。众所周知，作为哈佛大学的学生，后来又成为麻省理工学院的教授，道格在组织动态性方面做了一些开创性的工作。但安迪亚克大学的知识分子（我很向往成为其中的一员）觉得小组动态都是废话，道格想要明确学校的目标无异于“搜集大家的忽略”。为了加快这个目标的执行，道格和他的私人助手兼心理学家欧文·尼克博克开始训练小批促进者。学校里流传着一些闲言碎语，说尼克的过去是很有争议的。他曾是黑山学院的一名教师，这所学院比安迪亚克大学还要前卫。尼克发动了一场“政变”，反对学校的管理者，结果失败后被学校开除了。在安迪亚克大学，尼克总是站在道格一边。出于好奇，我决定去上一次他们的培训课。后来，尼克走到我跟前，说：“我注意到你也参加了我们的培训课。虽然你的脸上若有所思，但却没有真正感到兴奋。”不知什么原因，尼克觉得应该把我也拉到新校长的同伙里。

导师这个词没有充分体现这类人的伟大。之前我也写过关于导师方面的文章，如导师和学生之间的互反关系，但是我没有充分地表达导师的宽宏大量。导师所做的远远不止和学生分享智慧，还允许学生分享他们的成功，这对学生来说是一份莫大的礼物。另外，当导师用尽各种溢美之词将自己的学生推荐给当权者时，他其实也赌上了自己的名声。从这种意义上讲，导师其实是一种关乎信仰的行为。每次推荐某个学生时，导师其实是在冒险。我们大多数人都有引火烧身的经历，因为你推荐的学生不符合别人的评估。当推荐某人的时候，我们已经作出了无声的承诺，那就是这个学生一定会表现得很好。但是对于别人如何评价，我们毕竟没有实际的控制权。所以每次回想，道格·麦格雷戈在我身上注入的信任总是让我受宠若惊，他对我的信任比我对自己的信任还要深厚。50年后，我仍在想，如果道格没让我去麻省理工学院，也没有百分之百肯定我会被录取，那么我的生活会是什么样呢？成为道格的学生，是第二个改变我人生的角色。我必须成为道格再三担保的那个人，他也总是以身作则教我如何做到。

在我大三那年，我问道格是否可以就组织动态性方面给我些指导意见。在每周举行一次的会议上，道格一对一地教我，与我分享想法，我渐渐开始了解他。他44岁时当上了安迪亚克大学的校长，而那一年我23岁。当我拒绝回家，拒绝帮我父亲时，我准备好今后充当一种新的父亲形象了吗？如果有，那我显然没有意识到。我爱父亲，他虽然总是感到失望，有时候还很愤慨，但是他很善良。我从军队回家的时候，天空下着鹅毛大雪，父亲坚持要到宾夕法尼亚车站接我。他坐了一个多小时地铁，只为帮我拎包。他的职业道德令人敬佩，因为他知道好的职业道德会对我有所帮助。一天晚上，我陪他在洛杉矶的酒店工作。就在11点钟我们即将关店的时候，有客人来了。我感到很不高兴，从我的脸上就可以看出怒色。而父亲则给那个客人递上报纸。凡是那个顾客要买的东西，父亲都一一递给了他，然后转向我，说："当店门开着的时候，有顾客进来，你就得面带笑容欢迎他，即使离打烊只剩一分钟。"等我到了安迪亚克大学，我才明白父亲把他知道的道理都教给了我，而我也渴望得到更多这样的道理。我不知道现在我所追求的生活细节是什么，但我知道那种细节同样体现在我家人以外的人身上，比如道格·麦格雷戈。

每一个了解道格的人都会这样告诉你，道格非常有魅力，尽管这种魅力不是传统意义上的。他很瘦很高，头发是红褐色的，剪了个平顶头，但头顶呈尖尖的鸡冠头状。他长着一个鹰钩鼻，笑容总是让人神魂颠倒。但相较于外貌，他的品行和举止则更加吸引人。他很热情但又不失威严，很随意但又不会不拘形式。他不穿其他知识分子钟爱的西装领带，也没有他们松散悠闲的神情。他总是精力充沛，热情四溢。很显然，他选择安迪亚克大学，因为他赞同这所大学对社会公正方面所作出的努力。道格是值得信任的，也很坦率。我之前说过很多次，他是个学习型人才。他不相信现状，和科学家一样渴望学习；他也不满足于已经知道的东西，积极探索毋庸置疑的事实。1964 年，道格与世长辞，那年他才只有 58 岁。我们一群喜欢他也敬仰他的人聚在一起，讨论他的特别之处。他在麻省理工学院的一个同事指出，道格有种罕见的能力，那就是“承受惩罚”。这听起来是一项有争议的品德，但的确是一个真正的强项——这个强项对领导人来说很重要，但只有很少一部分领导人才有这个品德。在公共场合，不管别人是如何直言不讳地和他讲话或谈论他，他都不会因害怕而退缩。相反，批评越猛，他就越受激励。尽管意见一致让人感到更舒坦些，但意见相左对他而言更宝贵。他会心平气和地估量批评意见，然后遵照有效观点采取实际行动，剩下的他一概不管。

显然，他很早就具备了这项能力。他在哈佛大学执教心理学后不久，就邀请他的导师——令人心生敬畏的戈登·奥尔波特评论他的课堂表现。奥尔波特在对道格表扬一番后，写道：“你还要做到……一、不要让硬币和钥匙叮当作响；二、不要把手放进口袋里，你就能自动预防这一点；三、一般而言，脚应该放在地上，而不应该放在课桌上（尽管我知道，尤其是对像你这种个性的人来说）……”道格到了安迪亚克大学后，改掉了让硬币和钥匙叮当作响的毛病，除了在晚上他家的派对结束后，那些逗留的客人没能领会他更微妙的提示。但是，双脚搭在课桌上却成了他生平最爱的姿势。

在行政委员会，我经常能碰到道格。安迪亚克大学想要建设成为一个乌托邦式的民主社团，大家在行政委员会上总会表达这一理想。安迪亚克大学给了学生很多权力，这种现象在很多大学决策机构中如果不是独一无二，恐怕也是不多见的。除了校长、副校长、社区管理者，行政委员会还包括两名指定的教师，三名由整个社区选举出来的教师和两名由选举产生的学生。委员会一星期开一次会，制定了几乎所有会对学校产生重大影响的决策——包括政治、课程设置；一些学生事项，如谁会被开除；一些教师事项，如谁会获得终身职位。当我加入这个委员会的时候，它已经有了数十载的历史。多亏了行政委员会，学生在安迪亚克大学也能产生一定的影响。在高中的时候，我从来没想过要当班长，但我却非常想成为行政委员会的一员，于是我参加了竞选，而且赢得了连续两年的任期，这在当时可是破纪录的。

我热爱行政委员会。对于一个学生来说，成为其中的一员，和校长一起，严肃地讨论诸如某某教授是否能胜任化学系主任这样的事情是件很值得高兴的事。我想成为学校的决策制定者，这揭示了一种我自己都不曾意识到的雄心壮志。后来，事实表明，我在政治上很有先天直觉，但这也可能是因为，作为一个 24 岁的大学生，我的大脑额叶已经发育完全，而 21 岁时还没发育完全而已。不管是什么原因，总之我不会和其他学生成员一样，脱口说出一些会让自己以后后悔的话。碰到一些在别人管辖范围之内的事，我会努力做到保持沉默。多亏了行政委员会，我在校园里有了存在感。我很喜欢这种感觉。

在指导过程中，道格和我成了好朋友。我比大多数学生的年纪都要大，我们的会议也总是很有学院风。团队、变化、领导力总是在议事日程上。除了向我阐明组织动态之外，道格还和我分享了有关社会科学改革的第一手资料。在麻省理工学院这样的地方，大家都在做着开创性的工作，以严谨的科学方法分析由战争引起的行为学上的问题。道格还负责为麻省理工学院引进一些开拓型人才，如社会心理学家库尔特·卢因，他曾是德国纳粹压迫下的一个难民。在每次会面时，道格会告诉我很多真实的故事，其中一个故事还直接导致了蔡加尼克效应[1]的发现，这让我对社会科学产生了巨大的兴趣。

卢因告诉道格，布鲁玛·蔡加尼克是他的学生。在战前，他们每周五都会在柏林的一家咖啡店里见面。有一次，他们把服务员叫来结账。服务员绕着桌子转了一圈，把每个人的账单加起来。他连每个人的订单都没有写下就算出了总额。这一桌人继续坐着谈论心理学。突然，卢因有个想法。他把服务员叫了回来，又问了一下他们花费了多少。虽然这个服务员刚刚计算得很准确，但现在却不记得每个人的订单，也不记得订单的总额。卢因说出了内心的疑惑，服务员记住订单是否仅仅是为了完成他的任务——把账单放到顾客桌上然后收钱。卢因假设，一个人一旦决定做某事就会产生一种“准需求”和想完成任务的强烈愿望。在卢因的推动下，蔡加尼克设计了一系列实验，证实任务受阻后将如何影响人的行为和记忆。在这些实验中，两组小孩儿被叫来在一面墙上涂画。一组小孩儿可以完成这项任务，而另一组小孩儿在涂完整面墙之前就被叫停。前一组小孩儿很快完成任务，然后去做别的事了；而后一组小孩儿却总是表达他们想要完成任务的愿望。那些受到妨碍的小孩儿其实就受到了蔡加尼克效应的影响。蔡加尼克的一系列实验证明，任务在受到妨碍时，其中相关的信息反而更有可能保持。他们还证明了我们在一年级时就知道的现象，那就是在考试中，我们记住的问题答案往往是我们之前做错了的，而不是我们一直做对的。

[1] 译注：指人们对于尚未处理完的事情，比对已处理完的事情印象更加深刻。

多亏了道格，我听到了一些在他圈子里才能听到的故事，我觉得我总是和新事物紧密联系着。

我越了解道格，就越钦佩他，也越想努力工作给他留下好印象。那时，我们还不知道“镜像神经元的概念”，也不知道当人们看到别人和他们自己做一样的姿态和手势时会产生什么反应。但不知不觉地，我开始效仿道格。我开始抽烟斗，甚至还买了一件呢外套，尽管我的只有短短 38 英寸，而他的有 42 英寸长。我还试着留一个像他一样的胡子，这是不是夸张了点？可能吧。

不知从何时起，只要道格家有娱乐活动，他和妻子卡罗琳就会邀请我。通常，他们会让我坐在一位重要的客人身边。虽然我没有妙语连珠，但是道格允许我在他和妻子都尊敬的客人面前说一些合乎情理的话，这让我感到很兴奋。我还认识了伦敦塔维斯托克研究所所长“汤米”·威尔逊，这让我兴奋到头晕，甚至感到我的小宇宙快要爆发了。后来，我也帮着调餐前马丁尼酒，我还穿着军装的时候就学会了这项技能。在一些非正式的晚宴上，道格会让我调马丁尼酒——他喜欢这样叫——他会坐在钢琴边，敲奏出流行爵士版“前进吧，基督教士兵”。道格还会带我到处旅行。我会记录他做过的事，如参加标准石油公司董事会的会议或磋商其他事情。数十年后，我才知道，其实对导师而言，学生能给的最大礼物莫过于辅助导师驾驭这个变化莫测的世界。就像我无条件敬仰道格一样，他也开始器重我。对道格而言，我是一个忠实的聆听者、频繁的提问者、出色的陪伴者。倾听是我们之间的规定，同时我们也在一起度过了很多快乐的时光。道格在很多方面都很有天赋，他比任何人都更能享受一个笑话、一杯美酒或一大块多汁牛排。他是我知道的人当中最快乐的人。

和很多大学生一样，我在安迪亚克大学坠入了爱河。露西尔·罗丝是个艺术专业的学生，漂亮、谦逊、容易相处。露西尔来自南达科他州杨克顿市的一个家庭，但从她的长相和举止却完全看不出她的出身背景，因为她有种异域亚洲的韵味。她很纤弱、恬静，甚至还有点超凡脱俗，尽管当时我还不知道露西尔对数字命理学很感兴趣，后来还因为这个原因将名字改为查美妮。我们俩的家庭截然相反。她家很有钱，是新教徒，她在七个孩子当中排第六个。她爸爸是伯特立公司的首席化学师，这家公司是国际联合大企业，主要生产能源产品。露西尔和她的姐姐玛格丽特尤其亲近。玛格丽特的绰号叫吉比，她和男朋友艾德·范切尔一起住在格林威治村。艾德后来和丹尼·沃尔夫诺曼·梅勒一起创办了《村声》杂志。格林威治村在 20 世纪 50 年代是美国先锋派的中心。艾德和吉比的公寓位于圣马克广场，尽管拜访他们让我感到很兴奋，但看到他们那些名人朋友时，我觉得自己就像个外人一样。一天晚上，当所有人都很兴奋时，我听到有人在说："他？他没有独创精神。他就像是个机械师！"我意识到他们在谈论我，但我并不生气，反而激起了我的兴趣。那时我终于明白，无论我身处什么样的世界，仔细观察和解析这个世界是非常重要的，而且在感情上需要一定的超然态度。即使你不是人类学家，你也能了解那个脾气暴躁但却很有才华的诺曼·梅勒、那个机智诙谐的朱尔斯·费弗[1]或者其他的人。在这间公寓里，喋喋不休的人甚至都能组成美国最迷人的部落了。

如果说我在格林威治村偶尔会遭受批评，那么我在黄泉市的星运却持续上升。"早间惊喜"这则故事受到了大家的欢迎，这让我变得越发大胆，我又写了几篇讽刺安迪亚克大学生活的故事，发表在了文学杂志上。我当

[1] 朱尔斯·费弗，美国著名漫画家、小说家、剧作家。他的绘画风格独特，作品遍布世界各地的报纸杂志和画册，获奖无数。其中 1961 年创作的动画短片获奥斯卡奖，1986 年获得普利策漫画奖，1995 年获得美国艺术文学院奖，2004 年获得美国漫画家协会的终身成就奖。

时用的笔名是 Gruppen Ausgefundener 博士（即 Dr.Group Finder-Outer，团队对外发现者博士）。我试着就安迪亚克大学正确的政治立场趋向写一些带有趣味性的评论。文章的叙事者是一个浮夸的人类学家，借由这个叙事者，我描述了格伦·海伦幽谷附近各种繁荣的亚文化。这些文章都署的假名，描写一些诸如共产主义青年团、桦木大道妇女之类的校园小集团。桦木大道妇女们总是带着军队人员身上的疲劳感，完全看不出她们身上天生的魅力。她们经常抱怨安迪亚克大学的狭隘主义，扬言要转学到哥伦比亚大学或纽约大学。当然了，她们从来没有这么做过。这些讽刺文章的发表引起了意料之中的轰动。最让我感到满意的反馈则来自哲学家乔治·盖格，他是约翰·杜威的关门弟子，曾经和别人一起创办了《安迪亚克大学评论报》。盖格长得很像格劳乔·马克思，但要稍显俊俏。一天晚上，他来参加了教职工派对，正巧有个人在派对上大声朗读了我写的一篇讽刺文章。“你的文章太逗了，沃伦。”他说，“和佩雷尔曼的不相上下。”人家把我和伍迪·艾伦或斯蒂芬·科尔伯特作比较，这确实让我感到很兴奋，我真的高兴坏了。

毕业前不久，在一个朋友家的花园里，露西尔和我在学校牧师的主持下，在家人和麦格雷戈一家的见证下举行了婚礼。当我在安迪亚克大学的求学经历即将结束时，道格越来越下定决心，让我去麻省理工学院。我的助教亨利·布劳德也这样鼓励我，后来他成了耶鲁大学著名的经济学家。亨利读了我写的财政政策论文后，让我考虑继续选择经济学专业，要么去哈佛大学，要么去麻省理工学院。尽管亨利这样鼓励我，但我觉得我不具备相关的数学和科学背景去申请麻省理工学院。于是，道格开始着手处理这件事。他为我写了一封长达三页的推荐信，这封信显然能创造奇迹。到了剑桥我才知道，得知我被麻省理工学院录取，道格比任何人都要兴奋。

我被录取的那一年，著名的经济学家查尔斯·金德尔伯格在麻省理工学院欢迎所有经济系的新学生。第一次见面时，他告诉我："看到你的申请，我们并没有高兴到把帽子扔到空中。"

第三章 过渡仪式

“你怎么能不去哈佛呢？”当我告诉母亲我决定到麻省理工学院读研时，她这样问道。她告诉我，她的朋友们也对此感到不解，其实我自己有时也会怀疑这个决定。哈佛大学每年比麻省理工学院多给我 400 美元，而且声望也比麻省理工学院要高。在 1951 年，任何一个怀揣雄心壮志的学生都像父母期待的那样想去哈佛大学。而麻省理工学院享有的声誉是低调的，这一点并非每一个高中指导顾问都知道，只有那些知情人士才会高度评价麻省理工学院的优秀之处。归根到底，我选择去麻省理工学院，绝大部分原因还是出于道格。他选择这所学校，那么这所学校对我来说肯定是最好的。但等我真正来到麻省理工学院时，我也产生了一些疑惑。道格不在我身边鼓励我，于是在麻省的头几年我过得很是艰辛。

问题之一是我的住所。充满田园风味的安迪亚克大学总是给学生帮助和支持，我常常想起这所学校，想起格伦·海伦幽谷中弥漫的香甜气息和在落日余晖里熠熠生辉的景象。那时，露西尔和我住在肯德尔广场附近一间糟糕透顶的公寓里，邻里环境只能用“污秽”这个词来形容。这间只供应冷水的公寓位于剑桥大街，大街上满是细小的沙砾；公寓对面是一家制造力士香皂的工厂，夜以继日地喷出恶臭的烟。很难相信查尔斯河离这儿只有几个街区那么远。通向我们公寓的那三段楼梯上总是散发着猫尿的味道。公寓里仅有的暖气来源是煤油炉。到了冬天，我们把塑料制的东西绑到窗户上以防寒防雪。起先我们没有车，我总是骑自行车去上课。有几次当我避开致命的碰撞时，我总会问自己："为什么？"不用说，露西尔和我的婚姻也随着这种精神折磨而逐渐变糟。

我选的课程要求都很高，但保罗·萨缪尔森的经济学课是最难熬的，而且他的课几乎只有一种模式。整个班级都致力于学习瓦尔拉斯均衡模型。里昂·瓦尔拉斯的观点是最近才由法语翻译过来的，他提出所有市场的供给和需求都恰好相等，并用数学为他的这一观点辩护，这个观点也是一般均衡理论的核心。虽然听起来很简单，但是要用数学证明那是相当可怕的。麻省理工学院吸引着酷爱数学的学生，我不是其中之一。在课堂上，我们十来个人（那时都是男生）以各自不同的方式接受萨缪尔森给我们的挑战。一位未来的诺贝尔奖得主在黑板上用数学验证瓦尔拉斯的观点。他的粉笔不停地飞舞着，那些只认数字、不苟言语的学生偶尔会记下笔记，露出会心的微笑；剩下的几个总是不停地记着笔记，尽量掩饰自己的惊慌。课堂快结束的时候，萨缪尔森会做一番慷慨激昂的总结，赞美瓦尔拉斯对宏观经济学所作的既优雅又实用的贡献。有时候，萨缪尔森会记起来我也坐在课堂里，于是他会问我："你有在听吗，沃伦？"

在那些时日里，经济学正在经历结构性的转变。剑桥大学的一些凯恩斯主义经济学家提出了不完全竞争和垄断性竞争这些概念，挑战有效市场假说。而萨缪尔森则颠覆了这一领域，他强调的是数学模型，这个重要的方法论代替了像阿尔弗雷德·马歇尔这些新古典主义巨人提出的方法。如果用普通标准评判，那么我的数学还行，但是在麻省理工学院，我根本不敢这样自诩。和我一起垫底的是一个迷人的加拿大人，名叫艾伦·麦凯岑。

他是一个社会主义者，还没拿到博士学位就退学了。在皮埃尔·特鲁多担任加拿大总理期间，艾伦一直任职加拿大的副首相。我俩虽然都出于自愿，但却选择了一条与自己的天赋背道而驰的学术道路。不过，既然我们已经身处剑桥[1]，我们就得下定决心作出调整，在这场达尔文式的优胜劣汰中存活下来，可是要做到这点却很难。我们的三个经济学教授先后获得了诺贝尔奖，他们分别是萨缪尔森、罗伯特·索洛和弗朗哥·莫迪利亚尼。在上任何一节极富挑战性的课之前，艾伦和我都会挤在我家一间没有窗户的房间里，一起背诵方程式直到深夜。这间像牢房一样的房间里到处都弥漫着我们抽的香烟烟雾。对于那些我们敢于尝试却做错的题目，我们总是翻翻白眼。艾伦不仅是我的学习伙伴，在露西尔和我定期举办的派对中，艾伦也是主要贡献者。在长时间攻克知识这块岩石后，我们可以在这些聚会上好好爆发和释放一下。所以，聚会更像是酒神节的宗教仪式，标志着持久斋戒的终结。艾伦让我们的派对别具风格。虽然窗户上仍然绑着塑料，但是多亏了艾伦，我们能享用几十只龙虾和一箱德麦拉拉朗姆酒，这些都是他叫人从他的家乡新斯科舍空运过来的。

虽然隔了很久，但我最终还是爱上了剑桥。住在剑桥的夫妇都会觊觎那些柚木家具和斯堪的纳维亚式餐具，但露西尔和我根本买不起。日子虽穷，我却觉得处处都充满着快乐。很多家二手书店的老板都很宽容，虽然知道你不会买那些昂贵的美术书，但他们还是允许你蜷缩在书架间细细品读。你还可以享受各种各样现场的或刻录在黑胶唱片上的音乐，如室内乐、爵士，以及新近很流行的民谣。自从艺术剧院布拉特尔剧院开张以来（我想应该在 1953 年），你可以和其他影迷坐在一起，见证法国新浪潮和之后

[1] 译注：音译“坎布里奇”，美国马萨诸塞州东北部大学城，波士顿的卫星城市，并不是指英国剑桥大学。

的日本新浪潮取代意大利的新现实主义。即使没有美味的意大利菜，剑桥也是一场华丽的盛宴。

然而在剑桥，真正的快乐还是来自于智力上的享受。波士顿—剑桥地区是世界的科技中心。因为战争的缘故，科技中心从欧洲转移到了美国。第二次世界大战同样也为社会科学注入了新的活力，所以一些观察人士指出，打赢战争的其实是同盟国的社会科学家。对于那些刚刚得到一个想法就要继续找寻下一个想法、永远不停止追求的人来说，麻省理工学院是一所理想的大学，因为这里不会过分专注传统的学科界限。大多数研究生学到了很多知识，但几乎都局限于一个狭隘的主题，而我则不一样，因为我有机会成为一个通才，一个混合型学生，或者用以赛亚·伯林[1]的著名区分来说，我是多知的狐狸而不是仅有一知的刺猬。在麻省理工学院，我拿到了经济学和社会科学两门专业的学位，又在哈佛大学获得了第三个学位。

剑桥不仅吸引了当地的才子，而且还接纳了很多被希特勒赶出欧洲的智者。同样地，这些巨匠也一直留在哈佛大学和麻省理工学院，培育出一批又一批出色的学子。现在，激动人心的想法就像电脑一样唾手可得，但是 60 年前，人们的想法传播得很慢，而且几乎都是通过面对面的交流，因此，我能置身在全世界最令人激动、才俊最多的城市，在两所杰出的大学里充电实在是出于极好的运气。在哈佛广场的报刊亭里，你推挤的人群中，总有一两个人是天才。多亏了道格，我和其他学生一样拥有了最重要的礼物——机会。一想起剑桥，我就会记起一则我很喜欢的关于西格蒙德·弗洛伊德的故事。弗洛伊德是 1938 年最后一批逃离维也纳的犹太人之一，他先逃到了巴黎，然后又到了伦敦。在伦敦，他碰到另一个维也纳难民、小

[1] 赛亚·伯林（1909 年 6 月 6 日—1997 年 11 月 5 日）是哲学家及观念史学家，被认为是 20 世纪的顶尖自由主义思想家。

说家斯蒂芬·茨威格。弗洛伊德问茨威格觉得伦敦怎么样。茨威格皱着眉头，语气中带着强烈的蔑视，回答道："伦敦？你怎么能把伦敦和维也纳相提并论？在维也纳，就连空气中都漂浮着精子！"在1951年，我所认识的剑桥也有这种感觉，知识界非常活跃和多产。

在人们的传统观念里，20世纪50年代初期属于那些穿着灰色法兰绒套装的人，但事实上，这也是一个社会变迁、充满乐观主义的时代，对于新兴的中产阶级来说更是如此；而对那些和我一样幸运的人而言，这个时代又彻彻底底地让人眼花缭乱。作为社会科学家，或者准社会科学家，我们坚信能找到揭露人类行为秘密的方法，公众利益和大学利益在这个时代也是同步协调的。战争期间，为了打败敌军，教职员工也急不可耐地发挥他们的一技之长。人类学家玛格丽特·米德和社会心理学家库尔特·卢因一起制订了一个训练计划，成了中央情报局和战略服务局的先驱。他们还和亚历克斯·巴维拉斯一起研究与食物有关的行为，好让美国平民接受吃动物肝脏和其他一些"未被充分利用"的食物，这样的话，军队就可以吃到更多好的食物。谢天谢地，战争终于结束了，但是一些很重要的问题仍然有待解决。

麻省理工学院前副校长范尼瓦尔·布什曾经在罗斯福总统当政的时候先后领导过国防研究委员会和科研开发部门。当美国在战争中仍然态度坚决地充当孤立主义者时，布什就已经在努力为国家的迎战作准备，但他的这一贡献常常被人们淡忘掉。从本质上说，布什是美国的第一位科学顾问。他调动美国科学家和工程师的积极性，随时满足战时的需要，包括开发声呐、雷达和其他武器。他还帮助发起曼哈顿计划，同时确保美国生产足够的抗生素和其他一些在战时必要的药品。麻省理工学院对雷达的研发起到了关键性的作用，并且在核子物理、电子学、通信系统等领域也取得了开创性的成就。和系统分析、系统测试一样，这些领域在战争期间都得到了很大的发展。布什还写了一篇文章描述“麦克斯存储器”，听起来很像一台私人电脑。这篇文章于1945年发表在《大西洋月刊》上。很大程度上，正是因为布什，战后政府的科研拨款仍然源源不断地投入到麻省理工学院的实验室里和哈佛大学的一些项目上。

我很感激能有机会接触到哈佛大学的一些资源，但是，麻省理工学院的不拘礼节和不加虚饰更加适合我。我的好朋友，也是著名的社会学家大卫·里斯曼在哈佛大学花了大半辈子，但是他却常常对麻省理工学院的联合领导和除旧布新赞不绝口。简单举个例子，作为学生，我们可以直接称呼教授们的名字。后来，我在麻省理工学院执教13年，这期间我只记得参加过一次教职员工会议。那时，美国各个学院和大学都被要求执行忠诚宣誓。当然，我们一致否决了这项要求。

和哈佛大学不一样，麻省理工学院“出身卑微”，曾经是一所职业学校，名叫波士顿技术学校，所以我们无须继承或实践太多的传统。我们这些麻省理工的学生都觉得自己很笨手笨脚，而且不如哈佛的学生久经世故，但没有人会继续详谈这一点。麻省理工学院和波士顿大学、塔夫茨大学都不同，因为它无意效仿哈佛大学，反而很满足于自己的现状。另外，麻省理工学院支持跨学科合作，这也为它赢得了良好的声誉。至于为什么学校会支持跨学科合作，一个简单的解释就是，学校更关心解决手头的问题，而不关心各个系之间的界限，也不在乎每个个体在学术强弱等级中的地位。当你作为一个学生或教师，在麻省理工学院研究一个问题时，你可能会以激光般的强度投入到研究中，致力于找到解决方案，正确解决问题比获得赞誉或获得进步都要重要得多。基于对科学和工程学的重视，麻省理工学院形成了一种独特的合作精神。正如法国伟大的心理学家克劳德·伯纳德所说的那样，“艺术是我，科学是我们”。

麻省理工学院给人的感觉总像是一个精英管理社会。从班级名单上那些非贵族化的名字就可以明显看出这个大学的包容性。学生中很少有人会继承大量的遗产，要不然罗斯福总统可能就不会被录取，他本身也不会愿意报考这个学校。麻省理工学院的教职员工也是风格迥异，不过非凡的脑力是他们的共同特征。道格·麦格雷戈很高兴把库尔特·卢因引荐到麻省理工学院，尽管卢因有着浓重的欧洲口音。但道格觉得，相比卢因的天赋，口音问题就显得微不足道了。我的一个朋友曾经说过，哈佛大学吸引聪明的人，而麻省理工学院则能让那些聪明的人取得重大的成就。范尼瓦尔·布什有一次参观麻省理工学院校园的时候就说到了这一点。他来到学生活动大楼前，礼貌性地说，这个建筑看上去似乎是在等待迟来的维修。布什指着油漆都已经剥落了的天花板说道：“你知道吗，麻省理工学院不会因为宏伟的建筑而闻名，这个学校的伟大和校园是否漂亮无关，甚至和我们出色的教职员工也无关。使麻省理工学院成为一所名校的是这所学校培养的成功的习惯。”

默里·盖尔曼是诺贝尔物理学奖的得主，他在麻省理工学院获得了博士学位，他的导师是另一位诺贝尔奖得主维克多·魏斯科普夫。盖尔曼曾讲过一个故事，证明麻省理工学院更看重一个人的表现，而非他的名声。一天，盖尔曼和其他人都在放射实验室里，争论在一次特定的化学反应中会释放多少原子粒子。突然，一个人从大街上走了进来，没人知道他是谁。这个头发凌乱的人显然是听到了他们的争论，用一口浓重的欧洲口音说道：“答案是桑。”这时还是没有人认出他。这个人走到黑板前，草草地写出一堆方程式，证明答案是他所说的是“三”。看到这一幕，所有人——包括诺贝尔奖得主和将要成为诺贝尔奖得主的人——都感到很震惊，点头表示同意。

在剑桥，我想念的是道格之前在我身边的支持。1953 年，当我听说道格放弃了安迪亚克大学校长的职位，要回到麻省理工学院的时候，我高兴到了极点。1954 年春天，道格在安迪亚克大学发表了一次难忘的告别演讲。这次演讲完完全全属于麦格雷戈的风格。他对领导力进行了一番深思，毫不装腔作势地分析了他担任校长时的缺点，也明确表达了对自由探索的热衷，表达这两方面都需要极大的勇气。有多少人能像道格那样，有勇气站在领导了 6 年的全体师生面前，仔细评论自己的失败之处？后来，道格又撰写了一本具有创新意义的书，叫作《企业的人性面》（*The Human Side of Enterprise*）。在这本书里，他受到了马斯洛“自我实现”这一观点的影响，提出了一种关于人类行为的新理论；他还提出了一种对权力的全新理解和管理工作场合的全新人文主义价值。那时，他已经在考虑所谓的 X 理论和 Y 理论了，这是两种激发工人积极性的不同观点。X 理论指的是传统的指挥和控制型管理，而 Y 理论指的是一种全新的、非强制性的管理策略。一直以来，道格都赞成 Y 理论，但是领导安迪亚克大学的经历教会了他一些只靠观察学不到的道理。正如他在告别演讲中提到的那样，对校园里的每个人，他都尝试着成为一个非独裁的顾问，但到头来却发现，一个领导者就必须执行领导职责：“最后我才发现，一个领导不可避免地要履行权力，当他领导的组织机构发生什么事情时，他也不可避免地要承担责任。”令人感到讽刺的是，半个世纪之后，安迪亚克大学的管理层失去了对学校的控制，这是导致学校在 2007 年关闭的主要因素，但我希望这只是暂时的。接下来的演讲中，面对歇斯底里的麦卡锡主义，道格认可了自由言论和政治独立。

1952 年，我获得了希克斯奖学金，因此，在研究生二年级时我就可以在伦敦经济学院学习。在伦敦，我已经认识了担任伦敦塔维斯托克人群关系研究所的所长汤米·威尔逊。道格·麦格雷戈介绍我认识了亚伯·马斯洛、彼得·德鲁克和其他很多人。有一次，我们一起参观安迪亚克大学校园的时候，他又把我引荐给威尔逊。因为道格和威尔逊是朋友，我受邀参加了研究所的一个培训项目，这个项目为研究组织动态性作出了开创性的贡献。那一年对我来说既是私人生活的转折点，也是职业生涯的转折点。露西尔和我的婚姻正在悄无声息地瓦解，剑桥带给我的刺激让我对她的感觉渐渐减少。我们没有打斗，也没有争吵，只是哭了一会儿。婚姻走到了尽头，但我们实在无能为力，也无法挽回。1952 年的秋天我飞去了伦敦，露西尔则留了下来。后来我们选择了一个合适的时期离了婚。

塔维斯托克研究所于 1946 年脱离了塔维斯托克诊所，开创性地将心理分析理论嫁接到组织动态性的研究上。研究所的主要人物之一就是著名的精神病医师威尔弗雷德·比昂。和其他人一样，比昂曾在战争时期有效地医治过所谓的炮弹休克症，也就是如今所说的创伤后应激障碍。比昂和卢因都认为，要理解个人，就必须把他放到团队中，反之亦然。他的心理治疗团队是 10 年后出现的会心团体的先驱。通过汤米·威尔逊，我有机会和比昂一起参加了 40 次小组会议。比昂是个被人们狂热崇拜的人，另一个诊所巨匠梅勒妮·克莱因曾经分析过他。后来，克莱因和弗洛伊德的女儿安娜在意见上发生了冲突，也挑战过英国心理分析的既定成果。她提出儿童也能够被分析。到伦敦后不久，我发现比昂也曾分析过我最喜欢的作家——萨缪尔·贝克特。对于一个研究生二年级的学生来讲，这是很令人兴奋的事情。

那一年，我还从比昂那里学到了关于组织动态的一个既伟大又简单的道理，可是几乎所有领导者都忽略了这个道理。比昂告诫我，一个团队的领导者千万不能过分关注团队里最弱的队员。很多领导者都有这种倾向，因为那些最弱的队员通常都会吵吵嚷嚷、最难安抚。但是如果领导者被极端的病理学所困扰，他就会付出惨重的代价。团队会变得多极分化。那些表现良好的团队成员会怨恨领导，慢慢会质疑领导处理事情的正当性。比昂建议唯一处理这类问题的途径就是让那些表现良好的成员也参与进来。过分关注弱队员是领导者所犯的最大错误，因为这会剥夺其他成员的合法权利。

萨缪尔·约翰逊的一句名言是，“当你厌倦伦敦的时候，你也会厌倦生活”。伦敦总是那么吸引人，即使伦敦大轰炸留下的伤疤仍未痊愈，即使这里的食物既缺乏又无味。伦敦政治经济学校有很多出色的特约讲师，包括著有《印度之行》和《霍华德庄园》等著作的爱德华·摩根·福斯特。他对拥挤在演讲大厅里的听众说道：“如果你们之后总有任何人想成为真正的小说家，那么有两个字你们一定要记住……”他明显地停顿了一下。观众席中每一个梦想成为作家的人都凝神静听。最后，福斯特说出了那两个神奇的字眼：“然后……”

不知道是什么原因（读研的压力无疑是原因之一），在伦敦的那一年我体验到了焦虑。这种焦虑是突然产生的。一天，在一家肉铺里，当我看到屠夫举起切肉刀朝着一块肉猛劈上去的时候，我急忙逃出了肉铺。我无法忍受孤独。我会醒着躺在床上，直到凌晨四点才睡着。我去看《郎心似铁》，但是电影上映到一半的时候，我的心跳得厉害，所以我不得不走出电影院。我总是做一个同样的梦，我在伦敦的一个电话亭里，疯狂地拨打一个又一个电话，但却没人接听。这一切都让我感到很恐怖。我去找汤米·威尔逊帮忙，他帮我联系了塔维斯托克诊所里的一个分析师。我很幸运威尔逊为我选择了亨利·迪克斯。迪克斯是个拘谨又极富同情心的人，还是个伟大的人道主义者、一个出色的精神病医师。他能说六国语言，又是个很有天赋的小提琴手，对人类的看法包括对那些精神病患者的分析都显得豁达开朗、积极乐观。他在时髦前卫的哈利街上拥有一间整洁的办公室，除了这一点之外，他完全是个非正统的人，就连治疗我的方法也是非正统的。我们一周见一次面，他面对面问我一些问题。对于他所支持的领域，当时的精神分析行业是不会谅解的，可以说无论何时的精神分析行业都不会谅解。他把我这个病人当儿子看待。他一定是察觉出我有多孤独，所以他曾带我和他的家人一起去伦敦西区、去电影院等等。他偶尔会给我巴比妥酸盐以治疗我的失眠症，我慢慢觉得感觉好多了。当我回到剑桥的时候，迪克斯和威尔逊一样，也鼓励我继续坚持精神分析。（“克莱德就在做精神分析，”威尔逊告诉我，克莱德指的是哈佛大学著名的人类学家克莱德·克拉克洪。）我知道任何一个关于年轻人的秘密对迪克斯来说都是琐碎小事。虽然不是迪克斯亲口告诉我的，但我听说他曾经给希特勒的副手鲁道夫·赫斯当过医师，1941 年赫斯搭乘飞机到苏格兰后，迪克斯曾遭受过牢狱之灾。

在伦敦的一年谈不上非常舒适，但却让我有时间准备好回到剑桥的知识浪潮中。首先，我找到了新的住所，搬进了哈佛广场附近格雷大街上的一间双层公寓里，终于告别了那间看得见力士工厂、没有电梯的公寓了。

很多我非常尊敬的人，要么在接受精神分析治疗，要么刚刚完成这种分析。道格·麦格雷戈和他的妻子卡罗琳·麦格雷戈都将自己的内心，至少说将他们的“超我”开诚布公地暴露在爱德华和格雷特·比布林面前，爱德华、比布林曾和弗洛伊德一起接受过训练。福特基金会觉得精神分析很有前途，所以提供赞助，承办对克拉克洪、塔尔科特·帕森斯等著名社会科学家的精神分析。现如今是很难想象心理分析曾经是多么的红极一时。20 世纪 50 年代没有认知疗法或抗抑郁剂，大多数人靠大量饮酒来治疗自己的焦虑或失落。对那些非常了解和非常有钱的人来说，心理分析是一个前沿选项。要接受心理分析，你不一定非得是个精神病患者或功能失调的人。心理分析有个很吸引人的前提，那就是内省和洞察力能提高每个人的生活。作为一个研究生，我既缺时间又缺钱，还处在升级和论文的压力下。但我觉得，无论花费多少，我都急需接受精神分析，渴望去体验一下这种经历。

麻省理工学院的一个朋友告诉我一个方法，可以让我接受精神治疗。美国精神分析协会规定了一个认证过程，每一个准医师都得在老医师的监督下，分析四个“控制病人”，所以我试着去申请成为一名控制病人。那些经营这个项目的人很明确地告诉我，如果我是一个秘书或公交车司机，他们压根就不会考虑我，因为他们希望把时间和金钱投入到那些将来可能拥有成功职业生涯的人。那时，面试我的三位分析师当中，最和善、最令人难忘的是茱莉亚·戴明，她是著名的儿童精神病专家。她问我从《退伍军人权利法案》、麻省理工学院奖学金（每年 1300 美金）和其他来源中一共能拿到多少钱。当我告诉她那少得可怜的总额时，她说道：“沃伦，你要怎么支付得起精神分析的费用呢？”

“我会想办法做成任何一件事情。”我告诉她，“我要把车卖了。”

她笑了起来，然后又算了一下总额，“我算出来了。”她说，“每次课你只需付 3 美元，你完全能支付得起，所以你不用把车卖掉。”

后来我发现，理想的控制病人应该是神经过敏的，但也不是那种情况糟糕到治不好的患者。显然，我就是一个合适的人选。

于是，我开始每周五次到悉尼·克里格曼教授在维多利亚风格的办公室里和他见面，他的办公室位于雄伟的林奈大街上。悉尼·克里格曼教授的名字可能是菲利普·罗斯起的。尽管我从来没见过监督我们精神分析的人，但这个人确实是个超级巨星——菲利克斯·多伊奇，曾是弗洛伊德的私人医师。关于多伊奇，众所周知的一件事就是，他决定隐瞒弗洛伊德口腔癌很严重的事实，怕他自杀。那时候，精神分析治疗和歌舞伎剧场一样别具风格。我躺在克里格曼教授办公室的沙发上，经常睡的那个枕头换了一个新的枕套。我别过脸不看他。整整 50 分钟，克里格曼一刻不停地抽着香烟，烟雾在我头顶上漂浮着。他几乎不开口说话，但经常咳嗽。

一开始的六个月，克里格曼总是叫我沃尔特，我会及时纠正他。如果你曾接受过精神分析，那么你就知道这个过程有多吓人了。分析师无论生性多么善良，在分析的时候却总是无声又无形。如果你不开口说话，那么整个课程将会陷入无限漫长、令人不安的沉默中，只有墙上的钟声会打破这种沉默。如果你想发现自我，那么，作为精神分析的对象，你就得出力了。分析师会问你问题，让你分析自己。如果你对自己的感受和行为有特别的理解，那他可能会稍微评论几句。选择权其实在于你自己：要么主动开口说话，要么听着那越来越让人不爽的嘀嗒，嘀嗒，嘀嗒，嘀嗒，嘀嗒……

我记得一开始的几节课，我都感到非常空虚，好像整个人都被掏空了一样。在任何一种人与人的关系中，我们都会随便谈论些话题，去填补持续的沉寂。但是，在克里格曼的办公室里，我总是感到很矛盾。我不喜欢，甚至有点害怕沉寂——这不仅仅是因为这些早上的课程费用加起来，每星期会花费我 15 美元，我很心疼。同时，我又很自觉且求胜心切（毕竟我身处剑桥），我不敢说一些使得我自己显得很傻的话。不久，我开始讲话了。起先，我说的话连自己都不信，一些经验丰富的记者人士可能会觉得我的腔调很像是在编造故事。

后来在接受精神分析时，我顿悟了。我突然意识到，目前为止，每天早上我都在叙述我的生活。每节50分钟的课程都给了我机会，让我不受干扰，更加理解过去和现在的意义。这是个完美的礼物，将来可能再也没有这样的机会。所以，我开始构想并询问一些相关的问题。为什么我要把自己从家庭中孤立开来？我是如何从战争中幸存下来的？我到底是如何存活下来的？我为何会选择安迪亚克大学？又是如何被麻省理工学院录取的？不久后，我开始期待搭建故事的结构，每天都向坐在我脑袋后面的那个人讲述一些我的经历。

三年后，克里格曼教授搬到了伍斯特，因此我就得不停往返于两个城市之间。我们在早上七点钟见面，这样的话，我才有时间在早上十点前赶回剑桥准时上课。虽然伍斯特离剑桥只有40英里远，但那时，马萨诸塞州收费公路还没建成。遇到天气不好的情况，开车从剑桥到伍斯特要花上两个小时。如果下雪天我迟到了，我会在城边的加油站给克里格曼教授打电话，希望他能破例给我上分析课。但是，克里格曼教授是个保守派，他会直截了当地说："那么，明天见。"

当我自信渐长的时候，有时我会试着和克里格曼开玩笑，这种破冰手法让我受用终生。一天早上，当他开门让我进办公室时，他突然咳嗽了一下。那时，我已经掌握了他的分析暗语，于是开玩笑地问他："当你咳嗽的时候，你是不是想说什么呢？"他没作声，指了指沙发。在我最后一天接受精神分析的时候，他在上课前预热了一下："沃伦，祝你好运。"他一边说着，一边和我握了下手。我大笑道："在给我上了六年半的精神分析课后，你居然让我依靠运气？"

大概一年后，我坐在柯普利广场上一家咖啡店的柜台旁边，正在点咖啡的时候，一个和我差不多年纪的陌生人在我旁边坐了下来，他看上去有点紧张。"你还好吧？"我问他。"嗯，我很好。我刚刚结束了四年的精神分析课。”他回答道。他也是一位接受精神分析的人，所以我立马对他产生了惺惺相惜之感。我问他是否学到了什么。他若有所思地停顿了一会儿，然后说道：“没有。我不觉得我学到了什么……但我的朋友确实都好了很多。”

我非常明白他的意思。毫无疑问，精神分析也改善了我和他人的关系，因为我能更好地了解其他人，也知道了我的行为会对他们产生什么影响。和受戒仪式不同，精神分析对我来说是一个真正的过渡仪式，让我更加自知和自省。学术氛围浓厚的剑桥为我们提供了这种令人兴奋的亚文化，也正是在精神分析的过程中，我越来越觉得自己不是个入侵者。另外，精神分析也让我能更有意义地利用时间，这在根本上改变了我。它赐予了我宝贵的礼物，那就是自省，这一习惯在我将来的生活中显得越发的弥足珍贵。我没有屈服于二手烟，反而收获了这些成果，这让我感激万分。

我的精神分析课结束后不久，母亲正好从纽约来看我，我把这件事告诉了她，她似乎吓了一跳。我想这可能是因为我打破了全球人都知道的禁忌，那就是把自家所有的秘密都告诉给一个外人听。母亲问我精神分析课花费了多少，我告诉她，一开始每周上五次课，每节课 3 美元；三年后，一星期上四次课，每节课 15 美元。她在心里默算了一下，说：“花了好多钱啊。”她的脸上顿时掠过一丝伤心的神情。最后她开口说道：“儿子，我真希望你把这些钱用在自己身上。”

通过观察比昂，我的一个信仰得到了强化，那就是如果不首先理解团队，那么你就不能完全理解个人行为。对于信仰这一信条的人，麻省理工学院简直就是麦加圣地。卢因和其他学者也在试着探讨欧洲奉行的集体行为。（希特勒的阴影在我们这代人当中仍然挥之不去。）我们这些少壮派坚信，团队是真实的，而不仅仅是一种精神文明的建设，我们甚至抽出很多时间，设计实验去证明这一点。团队的动态性在19世纪末就已经被认识到了。在研究社会促进效应时，诺曼·崔普利特[1]通过观察一群骑自行车的人后发现，无论哪个骑自行车的人，只要有一个同伴在，他就会骑得更好更快。我说我们坚信团队是真实的，我的意思是团队的成员会相互影响，而且这种影响还是很远大的。团队不是一个概念，指拥有两三名成员或两三件物品。它不是有名无实的，而是真实的，但是，很多著名的社会科学家却蔑视这一观点，哈佛大学的心理学家戈登·奥尔波特甚至还批判这种观点是荒谬的——团队又没有神经系统。赫伯·谢波德，我最喜欢的一个教师，后来也是我在麻省理工学院的一个同事却有着截然不同的观点。赫伯支持我对团队的理解。另外，他还介绍我认识很多极具理论煽动性的思想家，如埃里克·埃里克森、欧文·戈夫曼、马歇尔·麦克卢汉。亚历克斯·巴维拉斯是另一位极具说服力的支持者，他也坚信“我”意味着“我们”。“你不可能自己给自己挠痒痒。”他经常这样说。亚历克斯认为，团队成员间会形成某种意义上的身体联系，他们的四肢会变得同步协调。现在我们已经知道了镜像神经元，所以，图像并没有50年前那么遥不可及。

我们这些研究团队的人都觉得即将取得突破性的成就，发现一些具有变革性的真理。我们就像20世纪的探险家一样，急于探寻尼罗河的源头。我们之间既是合作关系，又是相互角逐奖项的竞争关系。我们总是竭尽所能，设计出最富创造力、最优秀的实验以超过彼此，关于这一点，没有人比亚历克斯·巴维拉斯做得更出色。一天，我们一群人一边吃午饭，一边讨论研究社会关系的方法。怎样才能最恰当地找出谁和谁有关系？难道是让一个人说出好朋友的名字？但是人们往往不会在名单上真实地反映出谁是最好的朋友，因为他们可能只会写那些对自己形象有利的人的名字。“我

[1] 社会心理学先驱，美国印第安大学心理学家。

有一个办法。”亚历克斯说道，“你们为什么不去学校里转转，让学生说出他们记在心里的电话号码。人们一般只记得和自己最亲近的人的电话号码。这应该是一个研究人与人之间关系的好办法！”

有时候，剑桥的生活节奏是相当紧凑的。有一次，我和路易斯·勒菲弗尔坐在哈佛广场附近的一家海斯—比克福德餐厅里。海斯—比克福德餐厅一天 24 小时营业，很受教授和警察的欢迎。在剑桥，这家餐厅就相当于是一间维也纳式的咖啡馆。它对待顾客非常真诚，水果沙拉总是很新鲜；员工们会用叉子而不是刀子，将英式小松饼一分为二。海斯—比克福德餐厅的费用也不高，只要付上一杯咖啡的钱，你就可以坐上好几个小时，与他人谈论政治，或者透过平板玻璃窗欣赏外面的风景。路易斯是麻省理工学院经济学的在读博士，从布达佩斯逃难到这里，为了躲避匈牙利十月事件后苏联的压迫。他的家人曾经管理过作曲家贝拉·巴托克的遗产。路易斯有着细长的手指，却带着厌世的情绪。当看着窗外熙熙攘攘的人群时，路易斯深深地叹了口气，说：“你知道吗，沃伦，剑桥的聪明人实在是太多了。”

20 世纪 50 年代中期，道格回到麻省理工学院后，促进我们之间友谊的动力开始发生了变化。我有了崭露头角的专业身份，道格一如既往地支持我。他现在不是一个父亲的形象，反而是一位亲密的老朋友。50年代末，我们之间的关系非常亲密。时间，或者说是吸烟，在道格的脸上深深地刻上了皱纹，这些皱纹比之前任何时候都要明显。在那个时代，即使是很亲密的朋友也不会向彼此吐露心声，年长者更不会向年轻人说出自己的秘密。但道格和我却完全对彼此敞开了心扉。他会谈论他所接收的精神分析治疗，回忆他的青葱岁月，回想如何在麦格雷戈家庭协会里搭把手。这个协会位于底特律，是一种晚间教堂服务，成千上万无家可归的人曾在这里吃住过。他的父亲是一位未经按手接受神职的传道俗人，当他吹响管风琴的时候，道格总会弹奏钢琴为父亲配乐（所以才出现了爵士乐版的“前进吧，基督教士兵！”）。道格不信神，但却总是陪伴着他的父亲，手里拿着书信体对话录，寻找意义的所在、人与人之间应尽的义务、音乐和工作在我们生活中所扮演的角色。

回到麻省理工学院的这段时间对道格来说是心理上的困难期。即使他的专业声誉逐渐上扬，但他却总是被自我怀疑所困扰。道格在麻省理工学院创立的劳资关系在不断变化，他总在担心自己会不会被超越。他还觉得自己的同事和学生在定量分析和实验设计方面都很在行，担心自己缺少相应的技能。他甚至还担心经济学的研究变得越来越没有生气，太专注于数字。和往常一样，我被他的坦白和对我的信任所感动。道格还让我知道，即使伟大的成功也无法平息一个人内心的批判精神，这让我感到震惊，也让我有所领悟。在向我分享他的关注点时，道格也不忘告诫我，他在帮我做好准备，迎接那些目前还没尝试但将来肯定会碰到的经历。我不在意道格自我怀疑等个人问题，他仍是我的老师、我的守护者。

同时，这段时间也是社会科学的黄金时期——在这个领域里，只有几十年后出现的行为心理学才能和这个时期的重大研究相匹敌。很多驻扎在剑桥的新型社会科学家获得了一个又一个关于人类行为的重大发现。社会心理学家里昂·费斯庭格是卢因的学生之一，我到麻省理工学院的那一年，他正好离开去了密歇根。和众多在实验设计和数据分析方面接受过一流培训的创意型研究员一样，费斯庭格所做的工作是为了获得一些激动人心的成果。直到 20 世纪 50 年代中期，费斯庭格才发表了有关认知失调方面的理论——人们的心理会试着通过协调信仰和行为而减少压力。但其实在 1950 年，费斯庭格和他的同事就早已经考虑过人与人之间关系的形成，证实接近是最主要的因素。在研究大学宿舍时，他们发现那些离公用澡堂最近的学生——也就是那些大多数其他学生都能频繁遇到的学生——是最受欢迎的。

从英国回来后，我就立马着手应付正在等着我的大障碍——我的博士毕业论文。和导师商量后，我决定研究时间对资助研究项目的影响。我的假设是，时间越长，创造性越强。一个得到十年资助基金的团队比一个得到两三年资助基金的团队要更富有创造力。研究的对象是一群创造性极强的企业家型社会科学家，他们申请了科研立项并从福特基金会得到了资助。我非常聪明，想到了一个非同寻常的设计，在研究过程中用到了一系列的卡通。论文的题目并不是很吸引人——“论市场对学术消费品的影响”（*“The Effect of the Market on Academic Goods”*），但我非常用功，尽量让这份两英镑重的文献有可读性。刚开始写的时候，我拜读了乔治·奥威尔的作品。我发现他的每一篇文章都很清晰，反讽意味深远。（后来，我还是不断重读这些文章，尽管现在阅读的媒介是电子阅读器。）当论文连我自己看着都觉得太难以理解时，我会问我自己：“奥威尔会怎么做？”我也读了很多埃德蒙·威尔逊的作品，他在当时是美国最著名的文学评论家，著有《阿克瑟尔的城堡》（*Axel's Castle*）和《创伤与弓》（*The Wound and the Bow*）。尽管现如今很少有人会读威尔逊的作品，但在20世纪50年代，他确实是一个才华横溢、著作多产的散文家、批评家。他的政治敏锐性和高雅的情趣更让他实至名归。因为没有大学规定论文一定要晦涩难懂，所以我写论文的时候只是稍加修饰而已。

1956年，在美国社会学协会召开的会议上，我读到了一篇基于我的论文所撰写的文章，发现我的研究其实引起了不小的轰动，这让我感到很震撼。当时其他的与会人员，包括这个领域的领导人物罗伯特·莫顿和塔尔科特·帕森斯在内，在读到这篇文章后都大笑着叫好。我猜想，他们可能是以为我在嘲笑这类新的研究对象。在他们眼中，这些学术型企业家只靠财政上的资助而活。他们不是通过撰写东拉西扯的文章，而是通过呈现报告（只讲究数据、图表和我不喜欢的术语）来描述自己的工作。这种报告更具有典型的商业气息，而没有学术的味道。我和这些保守派们一起笑了起来，可是我不知道他们是否意识到，其实是他们自己改变了那由来已久的专业范式。

完成我的博士论文是另一个真正的过渡仪式。很少有人能创作出引起大众兴趣的作品，更别提具有重大影响的作品了。很多时候，论文就像是西西弗式的琐事[1]，你要付出一年又一年的努力，但却永远也完成不了，直到对大学失去了耐心，博士候选人不堪写作过程所累，主动要求退学。但我却很快就完成了我的论文撰写，这很大程度上要归功于贝宁男子学校灌输给我的毅力和组织技巧。在写论文的过程中，我不可避免地会回忆过去。当回想过去的数十载，我发现我已经发生了本质上的变化，我已经不再是原来的那个我了。我不能清楚地说出我是谁，但我已经不是那个参加战争的青少年，也不是那个在安迪亚克大学具有雄心壮志的年轻人。在剑桥，我的生活是曾经那个对手风琴感到窘迫的寂寞男孩所不曾想象过的。我意识到两个重要的变化。一个是精神分析让我养成的自省习惯；另一个则是相较于以前，人们好像更喜欢我，更愿意和我亲近。我还记得曾追求过高中的同班同学，她来我家酒铺时，我会多给她一勺冰激凌。但我不再需要像从前那样努力，朋友和导师会主动找到我。到了20世纪50年代中期，我完全适应了这种新的角色——一个训练有素、风度优雅、前途无量的年轻学者。这种角色带给我很多快乐的日子、新颖的想法、独特的经历和全

[1] 译注：古希腊神话中，西西弗得罪了诸神，诸神罚他将巨石推到山顶。然而，每次将巨石推到山顶时，巨石又会滚到山脚下。西西弗因此陷入永不成功亦永无休止的苦役中。

新的洞察力，也让我认识了很多态度温和、健谈有趣的人，充分享受到了剑桥的乐趣。我的人际关系网越来越大，认识的人来自全球各地，其中有些人对整个世界都产生了重大的影响。

社会学家罗伯特·莫顿说过很多经典的话，其中包括“自我实现预言”，指的是他所说的马太效应。在一项研究科学家的实验中，莫顿发现，不管科学家们所做的实验是否具有原创性，那些在自己研究的领域已经卓有成效的人更容易将荣誉和奖项收入囊中。继莫顿后又有研究人员证实，早期的成功会带来不成比例的好处，任何一个领域都是如此。《马太福音》里提到，“凡有的，还要加给他叫他多余；没有的，连他所有的也要夺过来”，那么，富人会变得越来越富有。莫顿从中引出了“马太效应”这一概念。正如这个效应所说的，有时候我确实会有一个接一个的收获——机会、邀请、赞誉。我的世界似乎得到了胀大，也更加容易接近。我不知道这种转变是如何发生的，但接受了一流的教育无疑是原因之一，精神分析治疗也帮了大忙。虽然我做事很努力，本身也很幸运，但这些都不足以解释所有的变化。虽然说我没有完全理解这种好运（我确实没有），但我知道该谢谁。是道格·麦格雷戈为我打开了这扇大门，引领我走进充满惊奇的生活，赐予我整个世界。直到今天，我对道格还是心存感激。

拿到博士学位后，我于1955—1956年一学年在麻省理工学院教书，后来加入了波士顿大学教职员工团队。麻省理工学院有个不成文的规定，就是把毕业生送到其他学院任职。而我在答应成为一名精神分析对象时承诺过要待在波士顿地区。1956—1959年，我在波士顿大学教书期间和很多人密切合作过，包括人际关系中心的肯·贝恩、鲍勃·秦，以及心理学系主任南森·迈克比。我还在商业学院教过一门课。哲学家肯·贝恩是约翰·杜威的关门弟子，他曾和别人一起创立了国家训练实验室，也是波士顿大学人际关系中心的主任。杜威是我博雅教育的老师，他是真正的智者，是一个难得的通才。在他的童年时代，那些没有受过良好教育的小孩叫他“57变种”。他几乎对每事每物都有独特的品位，包括朋友。通过肯，我认识了评论家肯尼恩·伯克、威廉·恩普森和其他一些人。肯还会讲一些精彩的故事，并且他很尊敬亚历山大·考尔德，他们俩是朋友。肯告诉我，当他参观这位艺术家的浴室时，他感到很兴奋，他还发现卫生纸架上装饰着一个很小却很逼真的考尔德雕像。

社会心理学家鲍勃·秦是我唯一一位华裔朋友。此后，在曼哈顿的一家中式餐厅里进餐时，他会遇到很多讲意第绪语的顾客。出于这一需要，他掌握了意第绪语。鲍勃的父亲经营着一家中式洗衣店。店里安装有书桌给他的孩子做作业，如此一来，他就可以一边站在巨大的熨衣机旁，一边督促他的孩子完成作业。肯、鲍勃和我开了一个研讨班，教研究生组织变革。我们三人在一起花了无数的时间，谈论这个新兴领域的方方面面。这些充满激情的讨论最终融合成了一本书，名叫《改变之计》（*The Planning of Change*），由我们三人共同编辑、共同出力而成。这本书于1961年出版，是我写的第一本书，最主要的贡献就是将“促进者”这个术语普及化（我母亲觉得，这个术语指的是那些为地铁乘客破钱的人）。那个时候，我是麻省理工学院的一名教职员工，因为在1959年，道格·麦格雷戈又将我引荐回这所学校，他在斯隆管理学院开始就人群组织这一新的领域展开研究。

鲍勃说，他拿到了一本最先出版的《改变之计》。他用一张纯棕色的纸将书包了起来，递到他父亲面前。他的父亲接过书，小心谨慎地拆开了包装纸，仔细查看了封面，然后把书放到鼻子跟前。他小心翼翼地闻着书边散发的香气，似乎这本书是一坛好酒一样。最后，他朝鲍勃微笑着说道：“儿子，现在，这可是一本好书了！”

在波士顿大学的时候，我还在哈佛大学任教四分之一的社会关系 120 课程，其他三位执教这门课程的老师分别是弗里德·贝尔斯、菲尔·斯莱特和泰德·米尔斯。哈佛大学的社会关系系成立于 1946 年，是综合各门学科的一次尝试。它会聚了心理学家、社会学家和人类学家，以分享他们的洞察力，希望在学术界引起连锁反应。这个系有四位伟大的人物，戈登·奥尔波特、克莱德·克拉克洪、亨利·莫里和塔尔科特·帕森斯（另外，我们都叫他饶舌的帕森斯，因为他总是很健谈。）

每个人都简称社会关系系为社关，这个系设在爱默生大楼内。即使用哈佛大学的标准来衡量，爱默生大楼，它也是一座历史悠久的建筑。举个例子，有个年轻的拉德克里夫大学学生，名叫格特鲁德·斯坦因，她来到波士顿大学，跟随威廉·詹姆斯学习哲学。但社会关系学关心的不是过去，而是未来。在这种乌托邦式的未来里，社会科学家们说同一种语言，营造一种新的协同感，和很多理想化了的实验一样，社会科学也经历了相对的半衰期，最终还原为各个独立的部门。

社会关系 120 一半是学科，一半是训练小组。同时，它还是窥探 20 世纪 50 年代性政治的一扇窗户。三分之一的学生是来自拉德克里夫大学的女生，其余的都是哈佛男生。20 世纪 50 年代的年轻人被称作沉默的一代，这种称呼既不贴切又缺乏公平性，但却是可以理解的，尤其是和即将到来的吵闹的一代相比，这个时代的年轻人显得更为沉默。课程刚开始的几周，我没有听到任何一位女学生问一个问题或做一次评论，除非老师点到她们的名字，好像她们都受到诅咒一样。但第一次考试后，情况发生了转变。班里的女学生全得了 A，而男生都只得了 B 和 C。等到批完分数的试卷发下来后，女生们突然都找回了发言权，开始说出她们的心声。但遗憾的是，大多数男生都没有意识到对女性的性别歧视。我注意到，当课程结束后，没有一个女生要求老师写推荐信，但一半的男生都想得到一封推荐信。我认为，一个简单的原因就是，很少有女生打算报考研究生院校（或者说找一份有偿的工作）。研究生院校——尤其是商业学校——几乎不做任何努力去吸引女生。麻省理工学院的斯隆管理学院直到1966年才录取了第一位女学生——很巧合的是，这位女学生是南非一位反种族分离主义者的女儿。哈佛大学的商业学院针对女生开设了整整一年的证书课程，但直到第二年，这门课程才对工商管理女硕士们开放（常春藤盟校中，哥伦比亚大学直到1982年才接受女硕士生）。

正如我之前提到过的那样，因特网颠覆了传统观念上对“接近”的理解。观点的传播就像感冒一样，只要人与人之间发生身体接触就能传染。证明观点具有传染性的一个典型例子就发生在社会关系系，但是几乎没有人意识到这一点。在杰罗姆·布鲁纳休假期间，心理学家所罗门·阿希受邀成为社会关系系的特约讲师。哈佛大学一个年轻的心理学专业学者斯坦利·米尔格拉姆被推选出来作为阿希的助教。阿希在研究从众行为上的出色工作已经让他成了一名著名的心理学家。他设计了一项简单却又有力的实验，证明团队其他成员是如何影响个人作出判断的。这项实验让他声名鹊起。在这个经典的实验中，实验对象和另外7个人围坐在桌子旁，阿希展示给他们看4条直线，这8个人要通过两两比对直线，找出长度相等的两条。值得注意的是，除了实验对象，每个人都知道其他七名参与者都是阿希事先安排好的助手，他们有时候会给出设计好的错误答案，始终坚持两条长度不相等的直线是等长的。阿希发现，三分之一的实验对象会附和其他人说的错误答案，尽管事实就摆在他们眼前。在另一项实验中，阿希又发现，团队中只要有一个人（所谓的“真正的伙伴”）同意实验对象的观点，那么实验对象就会信心百倍，坚持自己的正确回答。只要有一个真正的伙伴，实验对象就会坚持正确回答，即使参加实验的人增加到 16 人也是如此。阿希的实验证明了从众行为的动态性和伙伴关系给人带来的巨大影响。

后来，斯坦利·米尔格拉姆成了耶鲁大学的研究生。他在阿希的基础上，设计了在心理学史上最重要也是最具争议性的一个实验，也就是 1961—1962 年期间进行的权利服从研究。这项实验可谓声名狼藉且极具毁灭性。在这项实验中，实验对象被告知用一具电击控制器向隔壁（地址不定）的人输送越来越强的电击，但事实上根本就没有真的进行电击，只是实验对象不知道而已。米尔格拉姆要求实验对象不断提升电击的伏特数，隔壁房间里的人开始大声尖叫，尖叫声是事先录好的，并不是真的有人被电击。在一个看起来很真实的电压表上，实验对象可以看到电击的强度。他们不断被要求加强电击，直到伏特数达到 450，这可是那块假的电压表上标注的最大伏特数，“XXX”。但令人感到恐怖的是，40 个实验对象中，有 26 个人按照指示操作了，即使他们知道自己在向无可指摘的受害者进行令人疼痛的、还可能很危险的电击。米尔格拉姆的实验导致了强制性伦理审查委员会的诞生，这种机构是为了确保那些有人类参与的实验都要达到较高的道德标准。美国国会于 1974 年通过了相关的立法。

米尔格拉姆和我仅有一面之缘，那时他已经离开耶鲁大学，回到了哈佛大学，在社会关系系任教。他打电话给我，问我是否愿意一起吃午饭。我们在麻省理工学院的教职员工俱乐部见了面，他正坐在一张桌子旁眺望查尔斯河。自从回到剑桥后，他就开始另一项研究工作，最后发现，我们每一个人，包括凯文·贝肯和其他人之间都只是“六度分隔”。吃饭的时候，米尔格拉姆说他马上要展开一项实验，检测艾米尔·杜尔干提出的社会反常状态这一概念——无所归依、伦理困惑和社会变革带来的身份缺失。为了测量社区意识，米尔格拉姆和他的学生准备四处乱扔信封，这些信封上都贴有邮票，收件人则是波士顿地区其他社区里随意编出来的人。然后他们会算出每个社区里，有多少比例的信封会被路人捡起来，扔进邮筒里。这个实验听起来很吸引人，和艾利克斯·贝弗勒斯想出的一些实验一样富有创造性。吃饭期间，米尔格拉姆还说了一些让我觉得很不正常的话。“终有一天，”他咧嘴笑着说，“我们将能把自己的梦想拍成电影。”现如今看来，这虽然是难以置信的，但不是完全没有可能。米尔格拉姆所做的工作都非常重要，但奇怪的是，1976年，哈佛大学的社会心理学系有一个空位，米尔格拉姆却没能得到这个任职机会。于是他加入了纽约市立大学的教职员工团队。

在米尔格拉姆进行权力服从研究的实验之前，我们大多数人都很关注一些实验中（甚至是我们自己的实验）的道德问题。很多实验者都会向实验对象隐瞒实验的真实性质，也有一些实验者，比如米尔格拉姆，他们让实验对象觉得自己在做一些不道德的事。更有甚者会操控实验对象的情绪，让他们变得近乎虐待狂。据米尔格拉姆的传记作家汤姆斯·布拉斯所说，米尔格拉姆很担心权力服从实验给人带来情绪上的影响，他让40个可能受到心理创伤的实验对象去接受耶鲁大学精神病专家的评估，这位专家得出的结果是没有人受到心理伤害。我只能说可能吧。

泰德·米尔斯是我的一个朋友，他是一位社会学家，也是社会关系系的一名同事。他曾经在哈佛大学的小组研究实验室里展开过一项实验，我还记得我们都为他的实验感到着急。作为一个文学爱好者，我深深地被泰德的研究吸引住了，因为他让所有实验对象都阅读赫尔曼·麦尔维尔[1]的中篇小说《水手比利·巴德》。这部小说就“是非”这一主题进行了一次复杂却又模糊的沉思，是我最喜欢的小说之一。比利是19世纪英国海军部队中的一个年轻水手，他脾气温和、长相英俊，全体船员都很喜欢他。但他在

[1] 19世纪美国最伟大的小说家、散文家和诗人之一，与纳撒尼尔·霍桑齐名。

船上有一个敌人，那就是兵器教官约翰·克拉格特。克拉格特诬告比利谋反，两人来到船长爱德华·维尔面前。但是比利因为口吃，所以无法为自己辩解。绝望之下，他朝克拉格特挥拳打去，却失手打死了他。尽管维尔船长很喜欢比利，但是他仍然觉得由于比利杀害了克拉格特，应该被判处绞刑（不用多说，比利经常被理解成基督耶稣的形象）。在行刑前，比利大声喊着"上帝保佑维尔船长"。其他心碎的船员也都应和这句话。

德国社会学家拉奥尔格·齐美尔表明，三个人的团队是最不稳定的，因为这种团队中总存在一个危险，那就是其中的一个成员最终会变成一个局外人。泰德就是要研究这种动态性，但是他的实验对象并不知道这一点。每一个实验对象都是三人团队里的一员，每个团队都要回答一个问题：对于维尔船长的做法，你是赞成还是反对？大多数人都觉得维尔船长的做法是错误的。但实验对象不知道的是，团队中的另外两名成员和自己不一样，他们是知道内情的参与者；他们的言行都受到了泰德的指示的影响。

泰德邀请我成为这些团队的"转换者"，这个角色很快让我觉得不舒服。不管实验对象觉得维尔的做法是对是错，我都赞成。团队里的第三个人和我一样知道整个实验是怎么回事，所以不管实验对象支持哪种观点，他都表示不同意。无论是支持方还是反对方，我们三个都要讨论好一会儿（有些讨论的部分被拍了下来或录了下来）。我会突然改变立场，变得不支持实验对象，而第三个人则假装同意我的观点。即使这仅仅是个实验，但对实验对象的影响还是很大的。当有人支持他的论点时，实验对象往往显得信心倍增。但是当他发现在团队里变得势单力薄时，你可以看到他脸上焦急，甚至是伤心的表情。我实在不忍心看到这一幕。

泰德是个贵格会教徒，他对实验结果感到很满意，但实验过程中，很多实验对象都会感到很沮丧，这让他很受困扰。但他有办法对付这种由我们引起的精神病痛。泰德和我都深受欧文·戈夫曼的一篇文章的影响，这篇文章是欧文在1952年写的，相当睿智，题目叫作《淡化印记——适应失败面面观》，直到50年后仍然很有影响力。欧文在文章里提到，骗子们必须排除受骗人的羞辱、怨气和想要报复的愿望——他们的“印记”——以使自己不被警察抓到，或者避免引起麻烦。接着，戈夫曼谈到“淡化印记”是如何适用于非犯罪的一般场合。一个即将被开除的人，或者一个即将被婚姻抛弃的人都需要“淡化”。“淡化者”必须想办法淡化印记，重新认识到自己是自我形象的人，而不把自己界定成一个愚笨者或失败者。于是，每次实验结束后，泰德和我都会采访实验对象，探测他们的心情。如果有人觉得他自己简直就是个混蛋，竟然允许自己被别人操控，那么这个时候，我们就会试着让他冷静下来。我俩要做的通常只是告诉他实验的真正实质和价值，并感谢他为我们所作的重要贡献。

在完成繁重的博士论文后，我觉得写期刊论文简直太轻松了。我开始发表文章，而且发表了很多。《陆军野战医院》的创作人，即《论坛路上趣事多》（*A Funny Thing Happened on the Way to the Forum*）一书的作者拉里·吉尔巴特曾经说过：“我写作是为了知道我在想什么。”我越来越觉得那些发人深省的话语对我来说似乎是唾手可得的，我不仅仅是在描述我学到了什么。我所在的团队仍然喜欢我，至今如此。连续三年，威尔·舒茨、菲尔·斯莱特、泰德·米尔斯和我每周花两天时间替波士顿退伍军人医院的医师观察和分析病人。这所医院的主任是精神分析师、哈佛大学精神病学系古怪的系主任艾尔文·塞姆拉德。塞姆拉德在他的研究领域里是一个杰出的人物，让他家喻户晓的是他和团队合作的技巧（我觉得他比生物个体还要厉害）和在治疗精神病患者上取得的成功。他让我们观察他，因为他想知道为什么他的方法总是那么有效。塞姆拉德很少给医师们作报告，即使有，他的谈话虽然不是深不可测，但也总是神神秘秘。塞姆拉德的字典里没有直白这个词。举个例子，他曾经说过，他和父亲做的是同样的工作。我问他是什么工作，他说："他做的是投递邮件。"我觉得他的意思是说，他让人们知道了什么是什么，就像他的邮递员父亲一样，将信息传递给别人。但谁知道他的真正意思是什么呢。塞姆拉德总是叫我班密斯，有一次他说："你知道吗，班密斯，你和我都是我行我素的人。"可能吧。但是，只有在冬天我会披上提洛尔人式的斗篷，除了这一点之外，我好像没有太打破常规吧。

塞姆拉德对团队的评论显得更加神秘。如果一个女医师和一个男医师之间聊得比较多，但是某一天突然不再跟彼此讲话，那么塞姆拉德就会对那个男医师说："格林医生，你认为真爱的路上总是一帆风顺的吗？"就团队关系而言，我听过他更为尖锐的评论。有一天，塞姆拉德提到《旧约》里约瑟和他哥哥们的故事，并要求一个医师就他提的一个问题写一篇短文，他的问题是"为什么约瑟夫的哥哥要抛弃他呢？"我觉得，在剑桥这种地方，兄弟间互相嫉妒和竞争的故事一定会产生独特的共鸣。我们始终不知道为什么塞姆拉德的临床治疗会如此有效，但在观察他的过程中，我们学到了很多有关组织动态性的知识。

1956 年，赫伯·谢巴德和我发表了两篇关于团队行为的文章，引起了不小的轰动。随后发表的文章中，一些特定的主题总是不停地出现——团队如何表现、如何管理变化、官僚作风的命运（我觉得即将迎来末日）和团队的将来。我对领导力的兴趣逐渐得到了增长和加深，我和道格总是会谈论领导力这个话题。1959 年，在一份名叫《管理科学季刊》的新办杂志上，我发表了一篇挺长的文章，题目是"论权威和领导者行为"。这篇文章的原稿大概有 50 来页，这是我在领导力研究这一领域发表的第一篇文章，当时还没有人发掘这一领域。1964 年，菲尔・斯莱特和我就已经在《哈佛经济评论》上预言，民主制才是不可避免的选择。但是编辑不敢这么确定，于是给这篇文章取了一个试探性的题目，叫“民主制是不二之选吗？”

1957 年的一个星期天下午，天气又闷热又潮湿，我参加了朋友霍华德・波尔马特家的一个派对，他家的公寓位于后湾区。霍华德散发着欧洲人的那种成熟。为了撰写关于仇外情绪和崇洋媚外这一主题的博士论文，他到巴黎生活过一段时间，走访美国移民，问他们为什么要离开美国。我们曾一起玩过壁球，在科德角的北特鲁罗市合租过一座避暑别墅。那天下午，他那位于查尔斯河上通风良好的公寓里，挤满了我俩的朋友，当然还有一些新面孔。在房间对面，我看到一个很美丽的女轻女士，她也同时看到了我。她有着乌黑亮丽的长发，长得很像艾娃・加德纳，但她的腿比艾娃还好看。交谈过后，我知道了她的名字叫格瑞丝・加布，毕业于拉德克里夫学院，现在是波士顿大学医学院的一名学生，马上读大四。我们交换了电话号码。但是，随着交流的深入，我觉得她对于我来说太过成熟了。几天后，她打电话给我，问我是否想一起打网球。我答应了。格瑞丝和我很快就坠入了爱河。后来我们结婚了——那是在 35 年之后。

第四章 伟大的小组

道格·麦格雷戈肯定是第一个告诉我敏感性训练小组的人。这种团队里面的成员经常会仔细审视他们自己。道格是国家训练实验室的一个常客，几乎所有早期的敏感性训练小组组长都在国家训练实验室里接受过培训。我在安迪亚克大学接受道格的指导期间，他向我提起过敏感性训练小组。

早期的时候，我一直认为敏感性训练小组不仅是学习组织动态的有效工具，也能为小组带来变化。只要有需要，我就会用到在训练小组中学到的技巧。在安迪亚克大学的最后一年里，我担任南大厅中两组大一新生的住宿顾问。担任这个角色，我最喜欢的是帮助所有男生解决他们之间不可避免的矛盾冲突。我们会召开一周一次的会议，这种会议渐渐演变成敏感性训练小组，两者只是在名字上有所不同而已。害怕洗衣服的室友和那些未经允许就借用别人东西的学生通常会被列入会议议程。那时，就组织动态方面，我已经学到了很多，所以我很擅长为小组把脉，不会让会议以不愉快收场。摆上台面的话题不管是一台开得太响的收音机，还是一个室友在最不应该的情况下把领带挂在了门把手上，其实这些会议真正的目的是帮助我们找到和谐相处的方式，我觉得这些类似敏感性训练小组的会议确实已经达到了这个目的。但是很多安迪亚克大学的学生，尤其是一些智者，却对训练小组嗤之以鼻。我的一个朋友克里夫・格尔兹曾经抨击道："就像每两分钟从泥土里拔起一棵树一样，你想检查树根，看这棵树是否在茁壮成长，但这反而会害死这棵树。"

我的很多学生都想从事戏剧领域方面的工作。那一年，他们上演了桑顿・怀尔德的独幕剧《漫长的圣诞晚餐》(*The Long Christmas Dinner*)。虽然当时我只有 26 岁，但对他们来说我看上去肯定像个老头，我这么说是因为他们让我在威尔德的这部迷你家庭剧中扮演父亲这一角色。作为家长，我的首要职责却是切火鸡。尽管在真实生活中，我还没干过这活儿，但我觉得我演得很好。显然，大家都觉得相比演员，我更胜任小组主持这个角色。彩排期间，所有演职人员都开始称这部剧为"漫长的圣诞火鸡"。

敏感性训练小组是库尔特・卢因和他的门徒们首先提出的，在社会心理学中占有举足轻重的地位。道格应该也是第一个告诉我下面这个故事的人［阿特・克莱纳在他的著作《异端学说的年代》(*The Age of Heretics*)中也有一段相关的精彩记录］。第二次世界大战结束后，卢因受康尼迪克州一个部门的邀请去解决日益严峻的种族问题，尤其是非洲裔美国人和犹太人的种族问题。和卢因一起工作的人还包括罗恩・利比特（他帮助卢因研究不同的领导风格对团队成员的不同影响）、肯・贝恩和美国国家教育协会的李・布拉福德。在这三位同僚的帮助下，卢因在康尼迪克州的布里奇波特设计并运行了一项为期两周的项目。

大概有 50 个人参加了这个项目——工人、教师、商人和一些曾经加入过帮派的社区领导者，就是我们会美其名曰获得过"街头荣誉"的人。在那些天里，参与者们被分成若干小组，分角色扮演，并且做了其他一些标准化的小组训练。到了晚上，项目的工作人员会聚到一起，分析他们在白天观察到的小组成员。要不是一天晚上工作人员忘了关上会议室的门，敏感性训练小组可能就不会成行。那天晚上，几个项目参与者偶然听到了工作人员的谈话，而且很感兴趣，于是他们问工作人员是否可以加入进来一起听。卢因和他的团队提倡民主，因此他们是不可能不同意的。工作人员的讨论主要围绕团队中的一个白人女士而展开，她是个社会工作者，起先非常沉默寡言。但那天的角色扮演中，她扮演了一个性格刚毅、坚定自信的角色。之后，她似乎变了一个人，变得更加坦率、直言不讳。碰巧的是，这位女士正好在那群走进来听取分析的人当中。利比特问她，工作人员觉得她的变化很大，这种评价正确与否。她说是正确的，并且她还详细描述了在扮演那个性格刚毅的角色后，她的感受和行为是如何得到改观的。

那群碰巧走进来的参与者被他们的所听所闻深深吸引住了，他们觉得，相比仅仅成为小组的一员，分析小组形成和发展的过程要好玩得多。第二天，他们告诉其他参与者，工作人员对小组进程的分析是多么令人信服。不久后，每个人都想参与到晚上的讨论中。卢因和其他人觉得，让小组成员自己评估小组的形成和变化过程倒也是很新颖、很宝贵的。卢因又发挥了他的聪明才智，把这一新发明叫作 T 小组，T 代表训练（Training），而不是治疗（Therapy），这就意味着训练员不一定得是个精神分析师或者临床心理学家，也不需要持有特许执照。为了申请资助，卢因和其他人需要成立一所研究院或类似的实体。于是，他们创立了国家小组动态训练实验室，这个名字听起来很庄严。在为训练室选址的时候，卢因建议选僻远一点的地方——用他的话说就是“一座岛”——这样，小组成员在自我分析的时候才不会受到干扰。从那时开始，为了经营国家训练实验室，李・布拉福德经常不待在华盛顿特区美国国家教育协会的办公室里，我觉得他的上司肯定知道这件事。李还为这个新机构找了一个家，那就是位于缅因州贝瑟尔镇的私立学院——高德学院，也就是说每个暑假，国家训练实验室都可以租用高德学院。不幸的是，早在 1947 年第一个暑期班开班之前，卢因就突发心脏病去世了，那年他才 47 岁。

在我还没写完论文之前，赫伯·谢波德就和我在麻省理工学院带领过敏感性训练小组，小组成员是在读硕士研究生。我们鼓励各个小组管理各自的发展进程。表现最好的一些小组中，成员们都很开朗、坦诚、互相尊敬，能够应付营建小组过程中出现的各种压力，能够表达他们的感受，也能够说出他们对自己、对别人，以及对整个小组的看法。当著名的宗教哲学家休斯敦·史密斯也在麻省理工学院并邀请我一起带领敏感性训练小组的时候，我感到非常惊讶。休斯敦对信仰的方方面面都很感兴趣。他甚至还和蒂姆·莱瑞一起探究过迷幻剂在宗教上的运用。休斯敦和我还领导过长达一个学期之久的敏感性训练小组，小组成员都是人文学院的本科生。这门课程被列在了麻省理工学院的课程目录上，名为“存在哲学”。

1955 年，李·布拉福德写信给我，邀我加入贝瑟尔暑期班。那个时候，几乎每一个研究小组动态的人都想加入贝瑟尔暑假班。国家训练实验室已经对小组训练进行了改善，让其成了研究小组如何工作的首要工具。一开始，贝瑟尔的小组训练持续了整整三周，后来缩减为二周，再后来只剩下一周。受邀前去贝瑟尔是我的荣幸。贝瑟尔的核心团队，也就是所谓的会员们会商讨决定由谁来领导小组并且制定其他一些重要的决定。在贝瑟尔得到会员身份就像是在社会科学方面得到了骑士地位一样。和麦克阿瑟“天才奖”的获奖者一样，那些受到提名的会员只知道其他会员正在考虑是否投票或者何时投票通过他们的会员身份。

从很多方面来说，李·布拉福德就是国家训练实验室。他不仅仅是国家训练实验室的哲学家——扮演这个角色的其实是肯·贝恩。李也不像罗恩·利比特一样，是训练室的深刻思想者，但他却是把训练室里的事情做好的人。李的下巴有点后缩，因此他的长相绝对不是吸引人的那种。他性情镇定，这能让他很好地为自我辩驳。他的声音从来不粗壮，但他却是个秘密的革命者，还是个促进变革的地下特工。正因为他是如此的不受重视，所以他能侥幸改变现状而不受非议。理论上，李在美国国家教育协会中担任成人教育的主任，国家训练实验室只是教育协会的一个部门。但是在其他人的眼里，国家训练实验室才是李的真正职责所在。同时，从属于国家教育协会确保了国家训练实验室具有合法性。后来，道格的加盟和诸如亚伯・马斯洛等著名社会科学家的偶然光临更加提升了贝瑟尔渐长的名声。

亚伯・马斯洛是布兰代斯大学的教师，我非常了解他。和埃里克・埃里克森、卡尔・罗杰斯一样，亚伯只对健康心理的研究感兴趣，对受到困扰的心理则不感兴趣。他的人本主义心理学代表的是他所谓的“第三种势力”，既不属于弗洛伊德学派，也不属于行为主义学派。亚伯提出的人类需求层次和食物金字塔的形状一样，创造力和自我实现被放在了金字塔的塔顶，这很有说服力地体现了人们在获得住所、填饱肚子后的追求。为了经历马斯洛最先提出的“顶峰体验”，很多人曾先后报名参加了贝瑟尔的敏感性训练小组和埃萨林中心（加利福尼亚州的人类潜能运动中心）。我猜想亚伯对布兰代斯大学越来越没有好感。因为学者们有着丰富的词汇量，所以他们一旦卑劣起来比大多数人都要可怕，布兰代斯大学的教职员工也不例外。亚伯的一个同事始终坚持有一次他听到亚伯跟哈佛合作社的一个员工说：“我要两本克尔恺郭尔的书——《非此即彼》（*Either/Or*）。”我不相信真有此事。亚伯可能没读过克尔恺郭尔的《非此即彼》，但他毕竟是受过良好教育的，不可能不知道这本书的存在。我说这话的证据是他在 1969 年在我面前所做的一番感人评论。他和妻子贝莎起身前往帕洛阿尔托和由企业家比尔・劳克林创立起来的劳克林机构，以便能让亚伯自在地利用全部时间思考一些事情。他重组了威廉·巴特勒·叶芝的话，说道："我去往西部，唱最后一首欢欣鼓舞的歌。"但是，亚伯在第二年就不幸去世了，年仅 62 岁。贝莎让我在斯坦福大学教堂为亚伯呈上悼词，我觉得这是我的荣幸。

亚伯的人本主义心理和敏感性训练小组都深具美国特色，那就是对人类的完善性和对个人自我重塑的能力有着坚定的积极信念，这种信念还成就了霍雷肖·阿尔杰，也让戴尔·卡耐基的著作《如何赢得朋友及影响他人》（*How to Win Friends and Influence People*）成为畅销书，更让自助自立的大师们长盛不衰。而对于像道格·麦格雷戈这样的美国中西部平民主义者，以及像库尔特·卢因这样的犹太移民来说，这种信念更是一种信条。所有人都得意洋洋地夸耀着美国的自我形象——非常有能力、自立自强、欢欣鼓舞——每个人的激情和超验主义者，以及像沃尔特·惠特曼一样高涨。而美国移民也以另一种特殊的热情信奉着这种对个人的爱默生式信念。我想到的一个例子是海因茨·科胡特。和弗洛伊德一样，科胡特也在 1938 年搭上了最后一班让犹太人逃出维也纳的火车。他和芝加哥精神分析学院有着长期的合作，他把自己在精神分析上的变体称作自体心理学。

不久之后，贝瑟尔成了世界上顶尖社会科学家的夏令营地，就像因特拉肯聚集了全世界有才华的音乐家一样。一个核心小组每年都会返回贝瑟尔，小组成员包括伊迪和查尔斯·西肖尔；来自得克萨斯大学的罗伯特·布莱克，他在小组成员竞争性方面开展的研究是相当一流的；以及艾德埃德加·沙因。另外一个小组的成员也会每年从德国、意大利、法国、比荷卢经济联盟赶到贝瑟尔，还有一个小组每年从塔维斯托克研究所赶来。贝瑟尔还会吸引一些局外人和具有煽动性想法的古怪思想家，其中两位就是约翰和乔伊斯·威尔，有时候他们会让小组成员再次扮演各自出生时的情况。在贝瑟尔，当我们不领导敏感性训练小组的时候，我们就会谈论这些人。

而这种谈论让我觉得我在参加最精彩而且其他地方都不曾有过的研讨会。

1956 年，赫伯·谢波德和我在《人际关系》杂志（*Human Relations*）上连续发表了关于小组的文章。在那个时候，《人际关系》是社会心理学领域最具影响力的杂志。其中的一篇文章描述了小组权威的盛衰消长以及小组的开放性，我就是这篇文章的第一作者。我们总是能感到，敏感性训练小组的经历能起到改造作用。人们常常发现他们自己至少会对小组中的几个参与者产生兄弟姐妹般的亲近感，有些人甚至说他们产生了一种精神上的集体感。作为小组领导，我对贝瑟尔的组织动态和人类行为已经略知一二，但最重要的是，我学会了如何倾听，真正的倾听。我觉得我不是一个富有创意的思想家，但我是一个富有创意的倾听者。倾听是一门艺术，真正的倾听需要你抛弃自我意识，使你自己完全服务于他人。作为倾听者，你没有表演的主动性，而仅仅只是参与其中并且推动整个进程。如果你的倾听足够仔细，那么不管倾诉的人用了什么字词，你都能听出他真正想说的意思。如果你能很专心、很尊敬地倾听，那么你自然会倾注一定的感情，这是最重要的领导技巧之一，但人们却往往低估了它的价值。

在贝瑟尔的照片中，你能看到墙上到处都贴满了墙纸，小组领导人在这些纸上记录下了小组成员之间相互作用的过程。利用白板纸和墙纸上的画，训练员通过一些速记符号，如圆圈、箭头和一些关键字词，直观地记录下了小组的行为。从小组的合并到解散，你会觉得人性就好像在你的眼前发展进化一样。小团体会形成，小组成员会两两配对，联盟会形成或解散。

不管敏感性训练小组的持续时间有多长，每一个小组几乎都产生了强大的情感动力。随着时间的推移，我注意到每一个小组也都会经历两个阶段，每个阶段都有各自的子阶段。第一个阶段和小组中权力与控制力的变化有关。权威阶段有三个子阶段，第一个子阶段是依赖。作为一个领导，我会说类似这样的话："我们在这里学习的是小组动态。为了达到这个目标，我们得研究自己，观察我们的小组是如何随着时间的推移而不断发展的。"然后我就不说话了。我沉默的时间越长，参与者就会变得越发焦虑。他们习惯了按照具体的议程、任务和构造展开行动，没有这些指示，他们似乎迷失了。"你能告诉我们，我们到底要做些什么吗？"有人会请求我说明。于是，我会再解释一遍，我希望我们的小组最终能教会我们小组动态，并且让我们了解自己。下一个子阶段是反依赖。小组成员会变得生气，甚至想离开。"我们能学到什么呢？"有人会这样问。一些参与者会觉得我教不了他们什么，于是他们开始议论我。其他人会变得非常愤怒，有人甚至会问我："你知道我们加入这个训练花了很多钱吧？"这时，我会说："我觉得我说的话你们一点都没有理解。你们得自己想出如何做、做什么。"有时候，情况会变得很紧张，当然这样的场合还是比较少的。遇到这种情况，我会站起身，离开训练室。"你要去哪里？"有人会问。"回我的办公室。"我会这样回答，"你们解决问题之后，派一个人来叫我。"所有小组都会派人来叫我，这一点我从来没有不成功过，因为有些人能较快地理解，于是他们会领导其他成员。不过，小组的其他成员也都会靠自己想明白如何营建一个小组。我们把第一阶段最后的这个子阶段叫作相互依赖（intedependence）。

第二阶段与小组的亲密性和开放性有关，解决的是权力的问题，也分为三个子阶段。起先，在我们所说的"伪个人"子阶段，每个人都试着友善待人，但这个阶段通常不会持续太久。在"反个人"子阶段，成员们会表达自己的愤怒，小团体也是在这个时候形成的。在第二阶段最后的子阶段——我们称之为"同感效证"——小组成员之间会产生真正的交流。

包括克里斯·阿吉里斯和我在内的12个国家小组动态训练实验室会员都受到了邀请，在约翰逊担任总统期间帮助迪安·鲁斯克管理国务院。鲁斯克担心国务院正在被边缘化。当国家陷入危机关头时，国务院却从来没有参与到决策制定的过程中，后来它又深陷越南问题的泥潭中。难题是鲁斯克想让国务院变得更加具有凝聚性和功能性。克里斯和我发现，不管国务院的员工处于什么等级，他们之间都是相互孤立的，员工之间几乎没有交流，而且交流都是自上而下的，从来没有自下而上或同级之间的交流。这让我们感到非常震惊。交流方面存在的这种问题使得国务院上上下下都存在一种观点，那就是对人坦率就等同于犯了叛国罪。只要能避免，国务院里就没有人会主动找人说话，政府其他部门的决策制定者也不例外。在"雾谷"[1]的这段时间内，经常有人告诉我们，在国务院里流传着三条人人都得遵守的规定：千万不要说出所有真相，千万不要说谎，不要错过上厕所的机会。

克里斯和我在国务院里所做的第一件事就是，聚集12~15个职位高低不同、专业领域也不同的员工——从情报人员到管理人员到政策制定人员。大多数小组中的人（几乎都是男性）都来自常春藤联盟院校，他们都非常聪明。我觉得他们是心甘情愿参加敏感性训练小组的，因为我们的讲解都符合他们的文化层次，他们也很尊敬我们的学术合作。可是，虽然我相信我们的确取得了一些进展，但缺乏交流至今仍是美国的一个问题。

当科林·鲍威尔将军成了乔治·布什的国务卿时，我在国务院举办的一次派对上，把我在国务院学到的关于领导力的最重要的一课告诉了他，这个派对之后就是肯尼迪中心国家艺术奖的颁奖典礼。我们俩都参加了巡回演讲，这期间我得以了解鲍威尔将军，也很尊敬他。在恭喜他受到新的

[1] 雾谷是华盛顿哥伦比亚特区内很受旅客欢迎的地区之一。有时它也代指美国国务院。

任命后，我说：“你要确保自己能在白宫西楼中得到一个办公室。这是唯一一个让你加入决策圈的途径。”很少有人会意识到，邻近很重要。不管你的级别是什么，你的办公室若位于美国总统办公室的旁边，那么这就意味着，比起乘坐豪华大轿车都要花费 20 分钟才能到达白宫的内阁秘书长，你反而能知道更多的消息，也会产生更大的影响。每天都会见到的人会让你产生信任感，这个道理不管是在家庭里、在宿舍里，还是在白宫里都同样适用。正如里昂·费斯汀格所说的那样，最受欢迎的人通常是那些在一天内被大多数人见到的人。如果鲍威尔将军住在白宫的话，布什总统在制定最终导致伊拉克战争的决策时会将他排除在外吗？我想不会。接近才有机会，机会才能带来权力。要想坐到桌子旁，你首先得走进这个房间。

我认为，国家小组动态实验室之所以成功了这么多年，其中有两个主要原因。敏感性训练小组很坦率，但不会让人产生不快感。但埃萨林中心却常常会出现不讲理的对抗情况。贝瑟尔的员工大体上都是严肃的学者，他们采用的一些手法看起来甚至是有点愚笨的。有些小组领导会要求参与者仔细研究一个柠檬，然后把所有柠檬混在一起，要求每个人找到他们原先的那个柠檬。这个方法只是想让成员们观察得更仔细些——和那些教刚入门的艺术家如何观察所用到的方法没什么太大的区别。

20 世纪五六十年代，我仍然坚持去贝瑟尔，我总是在想为什么它没有变得更加出名。当我向其他领域的领导者提起贝瑟尔时，他们似乎连听都没有听说过，这让我觉得很奇怪。在我们很多人的眼里，敏感性训练小组在营建社团、促进改革方面潜力无限，最终也成为公司团队建设的流行机制。另外，敏感性训练小组还扎根到海外机构中，尤其是西欧和印度地区。但是，敏感性训练小组却没有如我想象的那样，抓住美国公众的眼球。

然而一天晚上，在我灯塔山的家里，我给 40 个剑桥知识精英放映了

《发现自我之旅》后，答案就变得再明显不过了。这部影片记录了卡尔·罗杰斯领导的一个敏感性训练小组，也就是他所说的交心心理治疗小组，获得了 1969 年奥斯卡最佳纪录片奖。我邀请了镇上最著名的社会科学家，包括哈佛大学的社会学家大卫·里斯曼，他们都欣然接受了，这让我既惊讶又高兴。这部纪录片是由几个小组的记录画面拼接而成，这几个小组都由卡尔带领，他的训练室是位于拉荷亚的西部行为科学协会。和亚伯·马斯洛的“第三种道路”一样，卡尔的人本主义心理学也有着沃尔特·惠特曼在《自我之歌》中流露出的个人主义。

自我发现——在小组内和小组外——成了全国关注的话题，评论家却谴责其为自恋症。但在剑桥，大多数分析师仍然要求分析对象进行自我发现。回到那个纪录片，我想让我的客人看到这些小组是多么的具有解放精神。我希望这个纪录片能打破他们的偏见，让他们尊重这种创新、有效的技术。如果是这样的话，那个晚上简直就是个高雅的“灾难”。随着纪录片的放映，客人们的反对意见越发明显，虽然他们都没有明说。对他们来说最糟糕的一段记录是在找寻自我的痛苦过程中，一个女士失声痛哭起来。这时，卡尔用双手抱住了她，并且慢慢摇动她，好像她是一个受伤的孩子。和很多加利福尼亚的临床医学家一样，卡尔比大多数东方人都要更欣赏动手实践。而在剑桥，小组中可能会出现成员哭泣的现象，但几乎没有拥抱治疗。我的客人没有吓得直喘气，也没有跳起来用拳头去敲打电视屏幕，但我觉得，这个纪录片证实了克莱德·克拉克洪和其他人最担忧的事，那就是敏感性小组训练中会出现什么样的过于情感化的行为。“谢谢你，沃伦。”离开我家的时候，每个人都这么礼貌地说，但他们跟我的眼神接触却比平常少得多。

多亏了道格，我后来回到了麻省理工学院的教职员工团队中，这让我有机会把时间花在其他地方。尽管我喜欢剑桥，但我也很渴望获得一些新的经历。战争前后，我在欧洲看到了很多，但获得这些没有多大价值的经历时，我的手中却总是握着一把步枪。所以，当我在1961—1962年受邀前往瑞士洛桑市的国际经济管理与发展学院任教时，我感到非常兴奋。当时，霍华德·约翰逊正担任斯隆管理学院的院长（后来他成了麻省理工学院的校长）一职。当我告诉他洛桑市向我发来职位邀请时，他倒没有鼓励我。"沃伦，"他说，"在得到终身职位之前离开一年，我不觉得这是个明智的选择。"但我总觉得焦躁不安，得不到满足。我需要冒险，而洛桑市正合我意。

国际经济管理与发展学院是管理发展学院创立之初的组成部分，在高层经理培训项目上也是欧洲的先锋学院。国际经济管理与发展学院是雀巢公司为了培养最有前途的执行官的领导力而首创的。它不提供学位，但为录取者提供一年时间，让他们与那些聪明而且怀有雄心壮志的同伴和教员一起学习，这些人大都在35岁到40岁之间。由于年龄上的相似性，每逢遇到好天气，我们都会展开激烈的排球比赛。虽然我对法语和德语的掌握程度达到了博士学位对第二外语的要求，但全英文上课还是让我松了一大口气。至于我在欧洲的出行问题，我觉得我必须选择潇洒一点的交通工具。于是我买了一辆阿尔法·罗密欧的白色朱丽叶敞篷车，这让我觉得自己有点加里·格兰特的范儿。有了这辆车，我就有机会随时去瑞士和法国，包括米其林星级餐厅。我的一个朋友告诉了我一条行车路线，我非常喜欢。这位朋友后来到了瑞士的中欧国际商学院教书。他对我说："穿过日内瓦，在你到达法国之前右转，左边的第三所房子就是我家。"

我在国际经济管理与发展学院的收入比在麻省理工学院的收入要多得多，所以我有能力租借一家宽敞、可爱而又简单的房子，每个月的房租是200瑞士法郎。这栋房子位于一个葡萄园，能够眺望日内瓦湖（在瑞士，日内瓦湖被称为莱蒙湖）。湖的那边是群山、法国小镇埃维昂和小镇的俱乐部。

到达洛桑市后不久，我就接到了克莱尔·威廉姆斯的电话。约翰·西蒙是我的一个朋友，他是个犀利的戏剧评论家，也是麻省理工学院的一名教师，他几年前就跟我说过我应该见见克莱尔。克莱尔是个艺术家，毕业于拉德克里夫大学，那时已经在波士顿的美术学校获得了各种绘画和雕塑的奖项。在我离开波士顿去洛桑市之前，我在我那 19 世纪的房子里举办了最后一次派对。我的这个住所相对隐秘，在雪松巷路 38 号，爱尔兰的契约佣工曾经就住在这里。这个派对改变了很多人的生活。我邀请的夫妇中包括菲尔·斯莱特和他的妻子，吉尔·莱文和他的妻子多丽。多丽很苗条，而且很有魅力，充满异国情调——她让我想起了奥布里·比亚兹莱的绘画。和波士顿其他成功举办的派对一样，我们的派对也进展得很顺利，每个人都在喝着酒，吃着奶酪，偶然会尝试着让其他人相信自己才是这群人当中最聪明的人。在派对上的某一个时刻，菲尔发现了多丽。他朝她飞奔过去，于是他们就开始了交流。他们的视线再也没有离开过彼此。即使在房间的另一端都可以看出，这不是一次普通的派对闲聊。还没到很晚，你就能听到两段婚姻破碎、一团烈火点燃的声音。这让我想起了哈罗德·品特的精彩戏剧《背叛》（*Betrayal*）中的最后一个场景。这部戏剧采用倒叙的形式，在戏剧的结尾也就是故事的开端中，最终各自和别人结婚的那对恋人第一次见到了彼此，无论付出任何代价都想要选择欢乐。菲尔的妻子从楼梯上看到了这一幕，她很聪明，对菲尔和多丽之间的危险关系和今后她自己将要承受的痛苦视若无睹。吉尔则躲到了厨房，故意回避多丽和菲尔已经在起居室里坠入爱河这一尴尬的事实。在情感不那么动荡的年代，这两对夫妻可能会各自回家，激烈地争吵一顿，然后什么也不再发生。但那时可是

20 世纪 60 年代初期。一两天后，菲尔和多丽私奔了。

在派对上，克莱尔和我度过了一段甜蜜的、没有那么戏剧化的时光。我有一幅最喜爱的画，主题是有关森林的——画面是丰富的绿色和棕色，类似于马蒂斯的风格。这幅画的作者是杰森·伯格，他是我的一位艺术家朋友，经常画当地的风景。第二年，我想将这座房子租出去，不知道是什么原因，我很不情愿将这幅画留在房子里。那天晚上，当克莱尔即将动身离开时，我把伯杰的画从墙上拿了下来，因为我知道她也很喜欢这幅画，所以我问她在我回来之前，是否愿意帮我保管它。"当然。"她一边说，一边笑着。

在洛桑市，克莱尔打电话给我，问我是否愿意加入她们一家，乘坐游艇远航。每年夏天，他父亲"威格斯"·威廉姆斯都会租借这艘游艇 6 个星期。他们会到地中海航行。这艘游艇上共有九名船员，它就是著名的"安妮号"游艇，长期以来属于英国社会名流雷金纳德和黛西·费罗斯，塞西尔·比顿还经常为它拍照。黛西·费罗斯是欧洲最秀丽时髦的女人之一，也是温莎公爵夫妇最要好的朋友。温莎公爵为了一个离过婚的美国女人放弃了英国王位，黛西就将这艘游艇转交给了温莎公爵，好让这对夫妇能避开媒体对温莎公爵退位的无情关注。我受到了极大的诱惑，"我很想去。"我告诉克莱尔，但是我解释道，我忙于在国际经济管理与发展学院中安顿下来，所以不能成行。不久后，她和两个女性朋友来到我位于克利镇的农舍住了一段时间。吉尔也在我的农舍中呆过一阵子，以平息因为我的欢送会而给他带来的感情创伤。后来，克莱尔一个人从罗马来拜访我的农舍，她当时就读于罗马的美第奇艺术学校。

那个秋天，我和克莱尔展开了难忘的公路之旅，旅行的每一个瞬间我都还记得。克莱尔有种昂鲁克逊新教徒式的美丽，很有格伦·克洛斯的韵味。她建议我们去参观勒·柯布西耶新设计的位于朗香的朗香教堂。这座教堂位于法国东部，离瑞士边境不远。克莱尔对艺术史和艺术家的创作过程都很熟悉，所以她是一个完美的导游。这座教堂是勒·柯布西耶的杰作之一，只有五六年的历史。我对这位法裔瑞士建筑家了解甚少，而克莱尔却能兴高采烈地和我分享她对这座教堂和教堂创建人的所知。我对艺术的了解几乎都来自我生命中出现的富有创造力的女性。克莱尔解释道，教堂形状的设计来源于修女常披的翼状头巾。这座教堂是勒·柯布西耶最好的雕刻作品，坐落在高山上，俯视着一片村庄。教堂的地址就让人感到很神圣，几个世纪以来，这个地方吸引着无数朝圣者。教堂的前身在战争中被摧毁了，勒·柯布西耶设计的这个新教堂保留了老教堂的一些元素。当我和克莱尔步行上山时，白昼已经变成了黑夜。克莱尔是个雕刻家，通过她，我开始理解勒·柯布西耶的选择是如何受到启发的，为什么他要在这个长满野草、四处环山的山顶上搭建这么一座白墙黑顶的教堂。黄昏时刻的教堂，窗户发着光，美得让我无法呼吸。“看，这个教堂和这个地点是多么完美地结合在了一起。”克莱尔轻轻地说。正在那时，传来了格里高利圣咏，那声音深沉有力，萦绕于耳。我突然意识到我陷入了爱河，而我爱的不仅仅是这个建筑。

圣诞节前，克莱尔回到了美国，直到那时我才发现我有多么想她。我决定向她求婚。那时，克莱尔有三个地址——一座位于曼哈顿的公寓、一座位于马里兰的家庭大住宅，他们都叫它米尔大磨坊，以及她父母在克利夫兰的住所。于是我坐下来，写了三封求婚信，每个地址都寄一封。这是一个明智的举动，因为她只收到了送往克利夫兰的那封信。后来，克莱尔告诉我，她当着父母的面拆开了我的信。“你们知道吗，”她告诉他们，“这是一封求婚信，我想我会接受的。”她的父母显然吃了一惊。威格斯的反应很奇怪，他说："孩子，你更新驾照了吗？"克莱尔的母亲名叫凯，是个亲英派的人。她听到这个消息后肯定感到很失望，因为她已经看好了议会中的两个年轻男子，她觉得这两个男子各方面都和克莱尔很般配。克莱尔给我回了一封信，但态度不是很明确："在我们做任何事情之前，我觉得你应该先来趟克利夫兰，见见我的父母。"

到了3月份，当国际经济管理与发展学院放春假时，我坐飞机去了克利夫兰。克莱尔父亲的全名叫作阿尔弗雷德·莱斯利·瓦里克·威廉姆斯，他出生于一个社会关系优越，但远远谈不上富裕的英国家庭，所以他是一个白手起家的人。15岁时，威格斯就参加了皇家海军。他在压电效应方面也是个专家，所以后来又成了一个非常成功的发明家和企业家，他的发明包括可移动的X光摄影和一种创新型麦克风。我猜是凯让威格斯对我拷问一番的，因为他看上去很不自在。他询问我在麻省理工学院的职位，包括我的收入。我很确定，比起麻省理工学院那点微薄的收入，我在国际经济管理与发展学院的收入更能减轻威格斯对我财政能力的担忧。最终，他觉得完全可以接受我，如果克莱尔嫁给我，他也不用威胁要和她断绝关系。于是，克莱尔和我开始筹划婚礼，可能就定在秋天。不久后，凯开车载我们去参加克利夫兰城市会所举办的一次人类学讲座。突然，凯把车停在了一个公用电话亭边，然后下了车，到电话亭里打了个电话。当她回来的时候，我们才知道她打给了她的母亲和她住在米尔磨坊的姐姐莱斯利。很快，我们就可以在米尔磨坊结婚了。

克莱尔的家庭和我的家庭没有一点相似的地方。米尔磨坊位于马里兰西部盛行养马的地区，是一座宽敞、陈旧，甚至有点破旧的房子。莱斯利教别人骑马，她的马匹就养在米尔磨坊。虽然这座房子的外表急需粉刷一下，但里面却有很多古董，其中有一张床据说拿破仑还曾经睡过。1962年

3 月 30 号，在家人和朋友的见证下，克莱尔和我完婚了。克莱尔的朋友帕奇・赛吉维克和她的丈夫哈利特地从伦敦飞来参加我们的婚礼。他们的飞行员也来参加了我们的婚礼，他有个叫人难忘的名字，斯凯・夏皮罗。我不记得威格斯的演员弟弟约翰・威廉姆斯在这么短的时间内是否抽出了时间来参加婚礼。他在《龙凤配》中扮演奥黛丽・赫本的父亲，是个私人司机；在《电话谋杀案》中扮演总督察，逮捕了格蕾丝・凯利的杀人犯丈夫。我的家人和朋友都没有参加我们的婚礼，我没有邀请我的家人，因为我知道他们不可能和克莱尔的家人相处得很舒服，克莱尔的家人实在是太富有、太杰出了。但现在回想起来，我真希望当时的我能再自信和善意一点。婚礼上最特别的出席者就是克莱尔那迷人又古怪的外婆，人人都称她为"亲爱的阳光"。"亲爱的阳光"是个很受欢迎的人，她吸引着华盛顿的著名记者、其他美国政府内部人士，以及她带领的降神会成员。我给国际经济管理与发展学院院长发电报，告诉他我的计划有变，可能比原计划迟三天回到洛桑市。克莱尔在电报上加了两个字："妻随。"

国际经济管理与发展学院给我上了重要的一课，尤其是让我反思管理课程的传统教学。我的课堂上一共有 50 个高级主管，其中三分之一是雀巢公司的"潜力无限者"，其余的是来自世界各地雄心勃勃的申请人。在国际经济管理与发展学院，我是唯一一个来自麻省理工学院的教师，其余的美国教师都来自哈佛商学院。因为这所学院附属于哈佛大学，所以它常采用哈佛大学开创的案例研究方法。而麻省理工学院的斯隆管理学院则采用折中研究方法，重点强调应用行为科学，对案例研究方法往往倾向于持否定态度。但经过那一年的课程，我开始明白案例研究的有效性。弗里茨・罗特利斯伯格开创了案例研究方法，他曾经讲过一个与此相关的故事。在课堂上，他引用了一个经理跳楼自杀的例子。一个学生举手问道："他从第几层楼上跳下来？”这个问题显然是不该问的。一个好的案例研究就像一部戏剧，能让你透过复杂的外表看到研究对象的实质，发现该问的关键问题，然后理解问题。在刚刚提到的那个例子中，首先该问的一个问题是“为什么这个经理会自杀”。在弗里德·贝尔斯和菲尔·斯莱特的社会关系课上，他们会用到一本在哈佛商学院完成撰写的有关案例研究的书。他们想看看，人们在小组训练和案例研究中遇到问题时是否会有不同的反应。他们发现，人们在小组训练中会直接处理事情，而在案例研究中遇到一些敏感话题时，他们却不会急于为自己争辩。通常来说，案例研究允许学生们反过来洞察自己，以一种拐弯抹角、“置换移位”的方式进行自省，“置换移位”是菲尔提出来的。哈姆雷特在让其他角色“理解国王的意识”并揭露叔父克劳迪斯谋杀了他的父皇时，就用到了这种位移法。

置身于这么一所进步的、有着多种文化的欧洲学院是多么令人高兴啊！欧洲在第二次世界大战中受到的创伤和发生的变化是美国人很难想象的。在经历凶残的纳粹主义后，让·莫奈和其他一些领导人数年来都致力于在经济和文化上营建一种让整个欧洲都普遍接受的价值观。他们的第一个举措就是把煤炭和钢铁制造商都聚拢到一起。我到国际经济管理与发展学院的时候，创立欧盟的《马斯特里赫特条约》还有 30 多年才修订完成。但是拥有六个成员国的欧洲共同体已经证实了一点，那就是共同愿景和跨境合作会让欧洲从中受益。在国际经济管理与发展学院，学生和教师都在讨论，如果欧洲真正形成了联盟，各国的民族文化将会有什么命运，在这样一个统一了多个国家的欧共体中，决策制定是否能有效地进行。我觉得，每个国际经济管理与发展学院的人都不会相信，他们会活着看到，今天的 27 国同盟每年的经济收益竟然达到了 20 万亿美元，将近占世界经济的三分之一。我怀疑，除了莫奈之外，是否有人能想象到一种比美元还要值钱的、名叫欧元的货币单位，是否有人能想到拉脱维亚人在采摘爱尔兰的蘑菇。可能就连莫奈也没预见到的是，实际上，互联网会消除国家之间的界限，创造一个像汤姆·弗里德曼描述的那样又小又平的世界。国际经济管理与发展学院是个富有远见的地方，这个学院的人来自世界上各个国家，他们想象着一个更加和平、更加有利可图的未来。为了在这样的未来生活中存活下来，他们每个人都在努力工作，获得各自所需的技能。

皮埃尔·戈斯特秦是国际经济管理与发展学院唯一一名瑞士籍教师。他和莫奈有着共同的愿景，所以他经常花很多时间到位于布鲁塞尔的欧共体总部。有一天，他告诉我欧共体发生了一个类似危机的情况。前不久，欧共体没有安装一部电话，但是现在几乎每个办公室里都有电话。令戈斯特秦担忧的是，电话的普及会减少员工们面对面的交流，而他认为这种交流对于营建成员国代表间的社群感来说是非常必要的。欧共体创始人竟然没有用到电话，这恰恰反映了在过去 50 年间，世界发生的变化有多巨大。但戈斯特秦的直觉是正确的。代表之间如果仅仅打电话而互不交往的话，这对联盟来说是不利的。正如戈斯特秦理解的那样，成员间的接近很重要。

国际经济管理与发展学院的师生偶尔会做出一些评论，如与欧洲人相比，美国人是多么的狭隘，我们大多数人对世界上的其他地区知道的又是多么的少。其中有一个人还责备我："沃伦，你知道像你这样的国会议员，只有 5% 的人拥有护照吗？"我敢说美国学者和执行委员会的统计数据要比他说的高得多，但是他确实说到点子上了。

在国际经济管理与发展学院，我还第一次明白了民族自豪感的强烈。1962 年 2 月 20 日，当宇航员约翰·格伦成功绕地球飞行后，我突然意识到，总是有学生或同事会拍拍我的背，向我表示祝贺。后来我才明白，格伦的飞行在他们眼中意味着美国在和苏联的太空竞争中取得了胜利，但之前我完全没有理解这一层含义。学院的很多学生都深深热爱着自己的国家，对任何评论都过于敏感。一天，一个瑞士籍学生很不得体地批评了埃及总统贾迈勒·纳赛尔将埃及石油产业国有化的决定。教室里的四个埃及学生立马走出教室，再也没有回来过。

雀巢公司的领导体制很有趣，这种领导体制在当时很独特，就连现在也不常见。公司有两个总经理，意大利籍瑞士人恩里科·比尼亚米和法国籍瑞士人琼·柯尔特西。他们的风格截然不同，但互为补充。柯尔特西很安静，而比尼亚米却喜好社交。于是他们划分了各自的行政职责。当我在国际经济管理与发展学院时，柯尔特西负责操控，而比尼亚米则负责制订计划。显然，他们总是会扔一枚五法郎的硬币决定谁负责什么。工作一年后，他们再互换角色。我知道他们俩都希望我至少在国际经济管理与发展学院多待一年，但是道格却一直在催促我回到麻省理工学院。我给哈佛的同事们也留下了一个好印象，因为哈佛商学院向我提供了一个终身教师的职位。

“你为什么要现在离开呢，沃伦？”在韦威附近的雀巢总部，比尼亚米和柯尔特西这样问我。他们知道我想在欧洲历史的转折点时刻，留在一个意义非凡的研究机构中。于是为了让我留下，他们故意激起了我的这个愿望。“你要采取的真正行动就是留在西欧。”他们告诉我，“难道你不想站在这个转折点上，亲眼看着历史的变化吗？”

但是道格不同意我留在那里，他说只要我回到麻省理工学院，我就能获得终身职位。众所周知，麻省理工学院在授予终身职位方面很吝啬，有传言说，那一年只有一个组织研究领域的学者将被授予终身职位。另一个候选人是埃德·沙因，他比我出名多了。我猜想道格会将终身职位同时授予我们两个人。哈佛大学的邀请无疑帮了我大忙。克莱尔和我很不情愿地收拾好了我们那所在葡萄园里的蜜月屋，最后依依不舍地看了一眼波光粼粼的日内瓦湖，然后飞回了家。至于阿尔法·罗密欧，我用船把它运回了剑桥。

1964 年从很多方面改变了我的生活。5 月 3 日，我的女儿凯特出生了。和无数在我之前就当上爸爸的人一样，我对这个小生命的喜爱让我自己都感到震惊。她继承了克莱尔的金发和我的蓝眼睛。我从波士顿产科医院将克莱尔和凯特接回家的那一天是我生命中最快乐的一天。有时候，我真的觉得只有那些最伟大的诗人才可以被允许写一些亲子关系的诗，而我们所用的那些平淡无奇的语言根本就不足以描写第一个孩子的出生给我们的世界带来的变化。尽管几十年后我的行为才发生了本质变化，但是凯特的出生立马让我觉得我在职业上的追求显得很渺小。比起保护凯特这个神奇的生物并让她茁壮成长，其他一切事情都黯然失色了。

那年秋天我的世界再一次发生了变化，但这一次的变化是悲惨的。10 月 13 日半夜，卡罗琳·麦格雷戈从她波士顿郊外的住所给我打了个电话。“道格心脏病发作，很严重。”卡罗琳说道，她的语气是我听过的所有语气中最悲伤的，“救护车刚刚把他送去了医院。沃伦，他们说他可能活不了了。”道格是个烟瘾很大的人，但他看上去很健康。他 58 岁不幸去世，这是知识界的一个巨大损失，对那些了解并喜欢他的人来说也是一个巨大的打击。我感到万分悲痛。我一直以为，道格和我还能有好几十年一起分享想法、自信和关爱。卡罗琳让我在道格的追悼会上为他念悼词，那个时候我才发现，日后我将多么怀念他。奇怪的是，道格去世后不久，我想吸烟的冲动完全没有了——但不幸的是，戒烟仅仅持续了一小段时间。

同年，我受到了邀请，去加尔各答刚刚成立一年的印度管理学院担任联合主任。我没办法拒绝，因为这个职位意味着我可以在印度待上一年半，当时的印度还要经历20年左右的时间才最终赢得独立。这个新学校的经费大都来自福特基金会。当时，福特基金会向全国各地主要的研究机构投入资金，包括城市规划委员会和家庭规划项目，希望能阻止共产主义的蔓延。福特基金会请斯隆管理学院帮忙，在加尔各答建立一家研究机构。加尔各答有很多出色的孟加拉籍教师。印度管理学院建在阿默达巴德，风格迥异的校园由路易斯·康一手设计。它经常从姐妹学院哈佛商学院那里调取资源。

在加尔各答的这所学院中，每个人对任务和使命都充满激情。我们雇用了麻省理工学院的教师，加强了课程的设置，发起了全国第一个高层经理培训项目，但我们做这些不仅仅是为了建设一个管理学院；我们知道，我们是在建设一个伟大的新民族。我们的学生中，有些人将成为国家甚至是世界领导人，我们很渴望与他们分享最棒的想法和实践经验。福特基金找麻省理工学院和哈佛大学帮忙，一部分原因是因为剑桥这些学院的威望有助于提高印度新学校的名声。在印度管理学院，除了加设很多课程之外，我们还开设了组织发展系。正如霍华德·加德纳和其他人指出的那样，融入其他的文化通常是成为领导人的关键。在《领导大师风云录》（*Leading Minds*）中，霍华德把让·莫奈和莫罕达斯（圣雄）·甘地的杰出领导才能归功于他们在国外的长期经历。环球旅行是一项考验，它有助于塑造伟大的领导者，并且消除一个国家中盲目的人，同时让他们思考不同的生活方法，带来各种不同的变化。我知道印度既是一个新兴国家，又是一个历史悠久的国家，它一定会让我有所改变。加尔各答的教师和学生有时候会和我一样感到困惑，但他们每天都能教我一些经验教训，比我能教他们的宝贵得多。和把印度变成今天这样一个具有全球性力量的人一起工作是一件令人高兴和激动的事。

印度一半的教职员工都从顶尖的美国或英国大学中获得了博士学位。剑桥学者和印度总是有着不解之缘。我的朋友桃乐茜·兹伯格和她的丈夫诺曼住在弗兰西斯大道，左右邻居分别是约翰·肯尼斯·加尔布雷斯和丹尼尔·帕特里克·莫里安。加尔布雷斯每年都会和哈佛大学的印度学生吃毕业散伙饭，他在 1961 年到 1963 年间担任肯尼迪政府的驻印度大使。桃乐茜告诉我，当莫里安于 1973 年成为驻印度大使时，加尔布雷斯从他家房子里走了出来，睡袍外套着一件长袍，手里拿着任命文件，向他的邻居们大声欢呼道："弗兰西斯大道仍然拥有印度！"

当我们搬到加尔各答的时候，凯特还不足六个月。不久后，她就得到了一个孟加拉保姆，也就是阿亚（ayah 的音译，女仆、奶妈的意思）的照顾。这个保姆名叫约瑟芬，她对凯特疼爱有加。我们的住所的周边都是一些维多利亚式的宅邸，和《印度之行》（*A Passage to India*）里的场景设置非常相似。让我们感到幸运的是，我们的邻居中既有印度人，又有各国的海外移民，他们都很乐于帮助我们适应新生活。约瑟芬听说我们需要一位阿亚，所以有一天她不请自来，出现在我家门前，穿着她最好的艳蓝色纱丽，手里撑着一把伞以遮蔽酷热的骄阳。一些外国籍妇女曾经叮嘱过我们，让我们和约瑟芬保持距离——有谣言说，约瑟芬有一个秉性，那就是她会瞪着邪恶之眼看每一个经过她身边的人。约瑟芬什么都不怕，世界上任何一个跟她一样没有稳定生活的人都必须具备这样一个品质。我家的厨师兼司机是马德拉斯人，名叫托马斯。不久后，约瑟芬就对克莱尔说，托马斯"不是一个很好的厨师"，但还是可以接受的。但是克莱尔在约瑟芬身上看到了钢铁般坚强的品质，正是这种品质能确保我们的孩子的安全。每次凯特小睡过后爬向门的方向时，约瑟芬都会猛扑向她，然后把她抱起来。约瑟芬总是叫凯特"K-T"。有时候我不禁感到困惑，凯特大部分时间都被约瑟芬抱在怀里，她是如何学会走路的呢?

除了对我们女儿的无限关爱，约瑟芬还给我提了一个明智的建议，我至今仍然感激万分。事实上，与其说那是一个建议，还不如说是一个命令。约瑟芬告诉了我一个关于贾瓦哈拉尔·尼赫鲁的故事，这个人物从20世纪20年代起就为印度的独立而战斗，最后成了印度的开国总理。在英国监狱的时候，尼赫鲁决定写一封信给他的女儿英迪拉——后来她也成了一名总理。尼赫鲁早在1964年就去世了，但对于那些像约瑟芬一样对独立之前的印度也颇为了解的人来说，尼赫鲁已经深深地刻在了他们的心中。尼赫鲁的信其实是一本简短的书，在这本书里，他描写了为印度独立所作的努力，他在监狱中的生活和他用更为强大的道德力量打败英国占领者后的欢喜。约瑟芬的手指在我面前不停摇晃着，而且她用尖锐的声音让我也写一封类似的信，向凯特阐述我的生活。我按照约瑟芬的要求做了，写了一封信给凯特——其实是一本简短的回忆录。在凯特13岁生日的时候，我把这封信给了她。

45年前的加尔各答对于西方人来说是一个要求严格却又迷人的地方。我们睡在蚊帐里，从丹麦买来罐头食物，避免吃一些未经加工的食物，而且经常把一种让人听起来感觉很不吉祥的胃肠绞痛水放在手边。甚至还有一两次，我看到一只老虎在巴勒克布尔附近的校园边徘徊，这真叫人毛骨悚然。另外还发生了一件神奇的事：当我走进校园里的一间男生宿舍时，却发现了一只猕猴正龇牙咧嘴地对着我，向我宣示尿壶是它的领地。

一旦有从美国来的新雇员，只要根据他们从加尔各答达姆达姆机场到学校招待所这一路上的谈话，我就能判断谁会留下来，谁会提前回去。不知道出于什么原因，美国到达姆达姆机场的飞机似乎总在凌晨四点才会到达目的地。通常来说，新来的雇员一下飞机都会感到筋疲力尽，迎接他们的场面更会让他们感到心绪不宁，初来乍到的时候尤其如此。透过车窗，他们会看到人行道上到处都睡满了穷人，他们为了取暖而点着的火盆中发出一种微弱的、呛人的、超俗的光。如果这个新来的雇员说："天呐，这太神奇了"，并且急切地想知道当地的风俗和文化，那么我知道他会在这个地方待下去。相反，如果他们说其他一些特定的字词，那么这就意味着他们会比原计划提早飞回家。只要新雇员在说话时提到了"抽水马桶"和"眼镜蛇"，那么他们一定会提早离开。

在印度管理学院的一个好处就是，你可以经常遇到很多国家领导人，他们知道这个学院对印度的将来非常重要，林登·约翰逊的副总统休伯特·汉弗莱就是其中之一。那一年，埃里克·埃里克森为了撰写《甘地的真理》，从哈佛休假来到了印度。这本书后来获得了普利策奖和美国国家图书奖。埃里克在印度管理学院——阿默达巴德待了很长一段时间，这所学校离甘地的出生地博尔本德尔很近。在我们姐妹院校举办的一次派对上，埃里克和大家分享了一个关于甘地的故事。阿默达巴德主要生产纺织品。一家著名的白棉布工厂的主人把甘地叫了过来，让他帮忙解决工厂里的一次罢工事件。那年正值 1916 年，甘地刚回到印度，待在南非的那段时间让他大开了眼界。雇佣双方僵持不下的情况已经持续好几个星期了。工人们想要得到更多卢比，而管理者却不同意。这次，甘地采取了一个启发性的措施（类似敏感性训练小组），而没有扮演传统的调停者角色。他对双方代表说："我现在马上就要回到我的修行住所。你们解决了这件事之后再过来找我。"艾德·沙因谈到过强制性说服，而甘地的手段就是强制性说服的一种形式。劳资双方最后确实解决了这个问题，因为他们知道如果不及时解决的话，印度的伟人（圣雄的字面意思）将会饿死。

当你和埃里克·埃里克森待在一间房间里的时候，你的眼里是看不到别人的。他会像施了催眠术一样让你着迷。每个人都知道他提出的人类发展八大阶段的重要性，这项研究成果对人本主义心理学也作出了巨大的贡献。但是埃里克的人格魅力和他的工作质量无关。人们很难抵挡他的魅力，他看起来就像一个北欧的神，总是闪闪发光。不过他有时也会显得很冷淡，甚至很难亲近。人们总是不可避免地受他吸引，但是如果你把手搭在他的肩膀上，你感受到的却是他在挣脱远离你，所以你再也不会第二次重复同样的动作。我总觉得他的无限魅力是对他的诅咒，而不是给他的礼物。

当我回到剑桥之后，继承了道格担任组织研究领域的带头人，这让我的很多同事感到不悦。至少有一个人跟我说，他同意我成为这个领域的带头人，但不同意我用道格的办公室。伴随着狭隘的政治斗争，我在麻省理工学院变得越来越心绪不宁。作为一个学者，我知道我所作的贡献不可能像其他人那样伟大，如天才保罗·萨缪尔森和办公室与我相邻的因特网创始人J·C·R·利克里德。自从道格去世之后，关于他所选择的道路，我思考了很多。他不仅仅从理论上观察和批判一个组织机构，还亲自领导了一所大学，这一点让我感到很钦佩。可能我也该试着领导一个组织机构了，而不应该仅仅局限在分析和研究上。萨姆·古尔德是安迪亚克大学的前校长，他最近成了纽约州立大学系统的领导人，所以我给他写了封信，如果学校将来有空缺的职位，请他帮我留意着。我已经在考虑两个有趣的可能职位。乔纳斯·索尔克想让我继任索尔科研究所的所长，但是当时担任麻省理工学院校长，也是索尔科研究所董事会成员之一的杰里·威斯纳却不赞成，他认为这个职位应该由更著名的研究员来担任，我表示同意。我也和南加州福尼亚大学的校长诺曼·托平谈到过想任职该校教务处副主任的想法。

后来，马丁·迈耶森给我打了一个电话。

第五章 奋斗水牛城

1967年，我决定去纽约州立大学水牛城分校担任社会科学系的教务长。对于这个决定，我的朋友们都感到很困惑。他们想不通我为什么会放弃麻省理工学院终身教授的职位，而跑到纽约北部一所不怎么出名的大学担任一个管理职位。最让他们感到不解的是，我居然愿意离开剑桥——一个到处都充满着想法和点子的社区——前往一个落伍的城市，而这个城市总会让人联想起史无前例的特大暴风雪和辣鸡翅。但是，我很早就想看看自己是否能成功领导一个机构，平时我所做的只是些分析工作而已。没有亲身体验过领导者们面临的问题和压力就对他们作出判断和评价，这似乎有点傲慢自大。真实世界中的领导者一旦作出决定就会影响到其他人的人生。我所经历的第二次世界大战还告诉我，领导者的行为还可能带来致命的结果。但战争结束后，我就成了理论家，再也没有担任过领导者的角色。我想检验一下掌握的理论，看看在遇到危机的情况下，我是否能遵照这些理论采取相应的措施。当我作为一个旁观者时，我没能发现很多东西，现在我都想一一去挖掘。那个时候，我碰巧读到了罗伯特·格雷夫斯写的一首诗，这首诗是关于古罗马领导人的，写得很让人信服。他写道：

能手排排站立，
填满硕大的广场；
但其中只有一人真正懂得，
他就是那个斗牛的勇士。

是时候斗牛了。

1966年圣诞节前夕，我接到了索尔·图斯特的电话，直到那时我才知道水牛城分校新校长马丁·迈耶森即将对学校采取的新措施。索尔是一位诗人，也是水牛城分校的法学教授，他是马丁的得力助手。索尔告诉我，水牛城分校正在经历非凡的巨变。马丁正在酝酿一项伟大的计划，誓将纽约西部这所非一流的大学建设成为“东方的伯克利分校”。我觉得这种说法不太可取——他们应该试着建设一所大学，让伯克利分校称它自己为“西方的水牛城分校”。当索尔兴高采烈地描述着这一宏伟计划时，我被马丁对这所学校所抱有的远景深深地吸引住了。一所拥有30个寄宿学院的崭新校园即将拔地而起，学校还将成立全校性的研究中心，其中一个研究中心的研究对象是高等教育。学校原有的几个部门将被重新调整成七个院系，各由一名教务长领导，每个院系都将设有相应的专业学校。

这所大学将成为一种新型的社区。马格利特·米德把这样一个富有远见的规划称为“生动的乌托邦”。多少年来，我所设想的，以及和国家训练实验室等同僚们所讨论的正是这样一所大学。设想更好的生活和工作方式是当时的时代精神。每个星期天，我那位于灯塔山的屋子里总会迎来一批又一批学者，我们聚在一起讨论如何运用行为科学中的相关知识去解决真实世界中的问题。当时在卫生、教育和福利部工作的伦恩·杜尔负责为整个团队带入新的声音。菲尔·斯莱特也经常来；还有弗雷德·怀斯曼，当时他正在制作那部里程碑式的纪录片，叫作《提提卡失序记事》(*Titicut Follies*)；还有城市规划师唐·绍恩；只要那个周末碰巧在波士顿的人都会来到我的住所。我们一致认为，技术方案无法解决最重要的人类问题。相反，我们应该创建更好的机构和学院，包括宜居城市和洋溢着惊喜的大学。更重要的是，这些机构和学院还要体现出我们在小组和人际互动上学到的知识。和这些充满着想法的周末聚会一样，索尔描述的水牛城大学计划也让我感到激动和兴奋。我很赞赏这个计划，因为它不仅恪守了最高的学术标准，还自发地将教书、学习和生活结合在了一起；不仅体现了教育改革的精神，同时也保留了世界一流大学的最好特征。坦白说，当索尔告诉我，马丁让我考虑担任社会科学系的教务长时，我感到很高兴。随即我就安排了水牛城分校之行。如果我知道在接下来的几年里，大学会变得那么疯狂甚至致命的话，我可能就不会这么热切了。

以索尔·图斯特为首的遴选委员会推选马丁担任水牛城大学的校长。我只是听说过马丁这个人。我相信，既然马丁被推选为这所大学的校长，他自然有很多优秀之处。即使以剑桥的标准来评判，马丁也是个杰出的人。他获得了哈佛大学城市规划专业的研究生学位，在宾夕法尼亚大学执教一段时间后，他就一直在哈佛大学任教。同时，他还是哈佛—麻省理工学院城市研究联合中心的主任。当然，他在代替克拉克·克尔担任贝克莱大学的校长后，在应对学生激进分子时所采取的巧妙方式也给遴选委员会留下了深刻的印象。考虑到贝克莱大学突然爆发的自由言论运动，我们就知道领导这所大学并非易事。问题是这样的学生运动还不仅仅局限于贝克莱大学。全国的学生和教师都对无止境的越南战争感到厌烦。不管是本科生还是研究生，他们都对没有灵魂的、像流水线一样的高等教育感到越来越不满。

贝克莱大学的马里奥·萨维奥在史布罗广场前发表了一次著名的演讲，说出了抗议者的立场。通过直接引用查理·卓别林噩梦般的工厂系列《摩登时代》中的意象，萨维奥发起了即将历时数年的校园运动。在1964年12月3日，他说道："曾几何时，机器的运转会让你感到厌烦，让你的内心无比难过，所以你无法参与到机器的运转中；即使别人强迫你，你也不想参与进去，你把自己的身体放在齿轮上、放在方向盘上、放在控制杆上、放在所有的装备上，你得让机器停下来。你得向操控机器的人或者拥有机器的人表明，除非你真正获得自由，否则你将永远阻止这台机器的运转。"

这个演讲发表后不久，全国校园的教学活动似乎戛然而止了，水牛城大学也不例外，好像美国所有学生都拿到了相同的备忘录一样。即便有很多学生因为平均绩点直线下降而没能进入医学院，但还是有越来越多的学生拒绝容忍国家和学校的政策，他们认为这些政策没有反映出他们的价值观。不久后，全国大大小小的学校中，很多学生和富有同情心的老师都开始像南方争取民权的人一样，举行游行或静坐示威。即将爆发反抗运动的校园中通常有一个早期迹象，那就是一个愤怒的大学生扛着写有15个字的标语牌："勿折叠，要么成为主轴，要么将其毁损。"这几个警示字眼成了当时每一个学校的引擎，后来还被印在穿孔卡上，收入了IBM主机系统中。后来，我的朋友问我，为什么要选择在那个时候成为大学的管理人。事实上，我从来没有想过事情会演变的那么糟糕。从传统角度来看，大学就像女修道院一样平静。即使现在也很难相信，在1970年的肯特州立大学，国民警卫队士兵会开枪打死反抗学生，在威斯康星大学的麦迪逊分校，反战示威者在炸毁一栋建筑时还炸死了一个研究生。

1967年2月，马丁飞到波士顿，亲自到我灯塔山的住所邀请我。他在我家书房向我游说了三个小时。一开始，他说水牛城大学已经具备了较强的学术力量，这里拥有一个出色的医学院，一个极好的音乐系。学校的英语学院有着很多极具天赋却又性情怪僻的文人，包括批评家莱斯利·菲德勒、小说家约翰·巴斯、诗人罗伯特·克里利和很多来自北卡罗来纳州黑山学院的老教师。和其他教育机构一样，这所学校的各个院系之间也存在着紧密的联系。1846 年，米勒德·菲尔莫尔以加利福尼亚州立大学为榜样，建立起了水牛城大学，这所大学最近几年成了纽约州立大学新系统中的佼佼者。在水牛城的艾默斯特郊区，纽约州还将投入 6.5 亿美元建设一个新校区。马丁还说，一些重要的举措，如将研究项目重组成 7 个科系、建设新的研究中心等，会导致交叉学科的产生，这恰恰就是我们都很重视的一点。对于这样一所直到 20 世纪 50 年代才有校园宿舍的大学来说，寄宿学院的设立将极大地丰富和改善本科生的经历。这些主题学院——其中一个致力于环境研究——将容纳成百上千个寄宿学生和一些教职员工，“知识社区”也就随之产生。走读生们也能和各个院校频繁交往。尽管水牛城大学的规模不大（1967 年只有 2.4 万名学生），但是学校不仅为学生营造了一个良好的学习环境，还为学生提供了真切的教育经历。考虑到全球的学生都想打破程式化、一刀切的教育模式，我认为寄宿学院的设立是个有创意的想法。马丁使我确信，这项计划不是个白日梦。艾默斯特校园即将开辟出一个新天地，教务架构改造也已经在教师代表会上获得了支持和批准。

我最敬佩马丁的地方在于，他在招募新教师并和他们达成协议的时候非常能干。对于那些分不清水牛城和密尔沃基的波士顿新雇员，马丁也会向他们兜售学术圣城的梦想。如果要成功雇用一个人，那么你就得站在一个特定的立场上去解读他真正想得到什么。马丁之所以那么急切地催促我选择水牛城大学，他可能已经知道或感觉到了我的想法，那就是我很想加入一个具有创新精神的伟大教育机构，也急于检验我的管理能力，而不仅仅是分析机构的发展进程。他为水牛城大学所制订的计划是怀有抱负的，从学术角度来讲也很严谨、人道、富有想象力。我被马丁的这一计划所打动，也被他的信仰所感染。他觉得纽约西部的人大都属于工人阶级，他们总是长期面临经济问题，因此理应拥有一所好大学。马丁告诉我，关于社会科学系的新教职员工，我可以雇用属于我自己的教师和管理人员团队。他又补充了关键的一点，这一点对我来说是个无法抗拒的诱惑。如果我成为教务长，我可以在应用社会科学领域开设一个创新型的新博士项目，这是我多年来的一个梦想。不过，克莱尔却反问马丁，水牛城大学能比波士顿大学多提供给我什么呢？这时候，我们都显得有些尴尬。在克莱尔问这个问题之前，马丁都能迅速解答我的所有疑惑，也回答了一些克莱尔提出的问题，而且都很有说服力。但是，克莱尔的这个问题就像是最后审判时的难题，让这个即将凯旋的人不禁憋出一身冷汗。“这所大学能更好地被理解。”马丁最终这样回答道。本来我应该停下来好好想想这个让人摸不着头脑的回答，但是他之前的描述已经让我神魂颠倒，我根本就没有考虑他的真实意思。

我有个朋友非常了解水牛城大学和马丁。美国主要公共知识分子之一的社会学家，即《孤独的人群》（*The Lonely Crowd*）的作者大卫·里斯曼曾经在水牛城大学的法学院担任过教师职位，他是马丁的非正式顾问。当我问及大卫的看法时，他说他相信这所纽约北部大学具有无限的潜力。不过，我绝大多数的朋友还是感到很困惑。“你怎么能放弃麻省理工学院那位于拐角处的办公室呢？何况在这个办公室里还能看到查尔斯河不断变化的美丽景色。”我的一个朋友这样问我。还有人说了一些关于雪鞋和大湖效应的刻薄话语，大湖效应指的是伊利湖会给当地带来异常大的降雪量。离开剑桥后，我肯定会想念很多东西，包括那些很赞的二手书店。当然对我来说，最大的损失就是失去了和这里很多杰出人才的日常交流机会。但我总是安慰自己，从水牛城坐飞机很快就能回到剑桥。再者，正如英国作家戴维·洛奇在一本关于教师的有趣小说中写道，学术界是个很小的世界，学者总是充满着流动性，这让人艳羡不已。那个时代还没有电脑或手机可以让人们实时地和远方的朋友保持联系，但是学者们却不一样。无论在哪个学校任教，他们总是能定期地在国内和国际会议或者专业会议上见到彼此。

一连好几周，我都在考虑马丁给我提供的职位。有时候，我做梦都会梦到他想创建的这样一个学术天堂。但值得注意的是，我没有梦到任何一所实际存在的大学。三月份的一天，在我自己都没有意识到的情况下，我已经作出了决定。我家的前厅遭到了偷窃，我们的冬衣都被偷走了。为了购置冬衣，我步行来到了飞琳地下商场，买了厚重的驼毛大衣，我觉得在水牛城——或者说北极圈——这种大衣可能是必需的。后来，我就打电话给马丁，告诉他我愿意接受他提供给我的职位。

在四月份的时候，我终于体会到大学校长的生活是多么的复杂。有一次，当索尔·图斯特、布鲁斯·杰克逊和我在灯塔山的房子里时，马丁的助理突然打电话过来找索尔。学校红人莱斯利·菲德勒在水牛城大学遭到了逮捕，他被指控"住宅藏有毒品"。莱斯利一共有八个孩子，警方似乎说服了其中一个孩子的某个问题朋友，让她带上一个窃听器去莱斯利家，莱斯利把这个女孩称为"少女间谍"。她偷偷地录下了莱斯利家的所有对话。逾越节[1]晚餐她受邀出席，餐桌上的谈话也被录了下来。经过10天不间断的监控，警方终于找到了足以让这个50岁的评论家身败名裂的确凿证据——（可能安放）在浴室里的少量大麻，当时他的一个儿子正在洗澡。莱斯利好几年都没有洗脱罪名，但是他却以这段经历为背景写了一本书，

[1] 译注：犹太教的主要节日之一，通常在阳历的四月份。

叫作《降级》(*Being Busted*)，以偿还他那大到惊人的法律账目。在一些地区的校园里，比如华盛顿，对于一个领导者来说，真正重要的东西总是与危机管理相竞争，而那些真正重要的东西往往会输掉这场竞争。

在 1973 年出版的《倾斜的象牙塔》(*The Leaning Ivory Tower*)一书中，我详细地描述了迈耶森管理水牛城大学的那段时期，也说出了我在那几年中的心得体会。最近，我又重读了这本书，总是时不时地笑出声来。但有的时候，我也会感到失望，因为我们这些迈耶森雇用的人偶尔会表现得像学术谋利之人。书中有一处写道，工程系新教务长卡尔·威廉布鲁克和我即将去学校参加一次会议。卡尔开着他那白色的保时捷敞篷车，从弗兰克·劳埃德·赖特别墅开到艺术与文学系教务长埃里克·拉拉比家，而埃里克家也在弗兰克·劳埃德·赖特别墅群中。卡尔的妻子米莉怕我们冻着，于是她从屋子里跑了出来，给了我们贝雷帽。当我们来到埃里克家接他时，他正戴着一顶汉堡帽。现在回想起来，唯一能解释我们这些行为的托词就是，当时我们对马丁所说的这项伟大的教学改革充满了无限的激情。因此，即便对于那些在马丁担任校长之前就已经在这所大学工作或学习的人来说，我们显得很傲慢无礼，但我们自己却全然不知。贝雷帽？而且我也没办法描述对于水牛城而言，一辆白色的保时捷敞篷车是多么的具有异域感。在水牛城接连数月的冬天里，扫雪机总是在大街上艰难地运行着，因此，水牛城居民买车的时候不会选择诸如白色这种不易被发现的车。他们会购买舒适一些的车，颜色要易于被救援队伍发现，车子要有性能良好的暖风装置和四个雪地轮胎。我们三个身上应该都贴上标签：无知的精英外乡人。

马丁的计划没有完全实现，这其中有很多原因，包括崩盘的经济、永无止境的校园骚乱和马丁的意外调任。在 1970 年，马丁被调到宾夕法尼亚大学担任校长。当然，我们这些受他雇用的人也有一定的责任。我们太沉溺于这一乌托邦式的任务，以至于我们没能认识到“我们几个，我们高兴的几个”这种热情虽然从某种角度来说让我们精力充沛、团结一致，但另一方面却疏远了所有我们这个圈子以外的人。我们应该热情对待许多很有才能的水牛城大学老将，消除他们的疑虑，让他们安心教学。恰恰相反的是，我们犯了一个和惠普最高执行官卡莉·菲奥莉娜一样的错误，而这种错误给她带来了噩梦般的遭遇。我们忘记了一个道理，那就是所有获得社会承认的机构都不可能是一张空白画布。变革推动者应该在墙上挂上样本，写上阿尔弗雷德·诺亚·怀特海的智慧之辞：“一个领导人要想有效的领导，他就必须同时遵守改革修正与传统稳定的符号。”可是在水牛城大学，我们没能掌握这一艺术。

接受了这个职位后，我就开始在心里盘算着要带哪些人去水牛城。我对即将前往这座城市感到很兴奋——富有魅力的19世纪住宅群、由卢卡斯·福斯率领的出色交响乐团、具有开创性的现代艺术博物馆阿尔布莱特—诺克斯和迷人的弗雷德里克·劳·奥姆斯特德公园。但这次搬迁对克莱尔而言实属不易。1967年，我们的女儿凯特只有3岁，我们的儿子约翰只有1岁。凯特出生不久后，我们搬到了灯塔山栗子街14号一座华丽的新房子里。这座房子实在是棒极了，周围的环境也堪称世界之最。我们和泰德·肯尼迪家只隔了四户人家。诗人罗伯特·洛威尔就出生在栗子街18号。栗子街还是美国著名演员艾德文·布斯的家，艾德文的兄弟就是刺杀亚伯拉罕·林肯的那个人。克莱尔首先看中了这栋房子。房子的主人是一位年长的妇女，我们都称她为霍顿太太。克莱尔和她的关系很好。在房子即将上市出售之前，霍顿太太作了个决定。她很爱这栋房子，所以她觉得应该让我们一家成为房子的下一任主人。她卖给我们的价格远远低于房子应有的价值。

数年来，这栋房子被多次改建过，改建的手法相当娴熟。查尔斯·布尔芬奇于 19 世纪设计了为数不多的几家私人住宅，据说这栋房子就是其中之一，查尔斯也是波士顿州议会大厦的设计师。前不久，当我用谷歌搜索这栋房子的时候，在线导游是这么描述它的："保留得最好的联邦建筑。"确实是这样的。房子有一个嵌入式门廊，门廊上方是一个扇形窗，天花板大概有 12 英尺高。在主餐厅里，我们还能看见一座隐秘的庭院。房子里的曲线形楼梯非常壮观，后来在 1999 年翻拍的《偷天游戏》中，这个楼梯还成了皮尔斯·布鲁斯南和蕾妮·罗素之间一场恋爱戏的场景地。不过，这栋房子最辉煌的特征还要数那 46 英尺长的图书室。图书室的窗户是含铅玻璃窗，天花板上投射下黑色的光束，地板是人字形拼花地板。这样的图书室是每个学者的梦想。就连伊拉兹马斯和托马斯·莫尔都会为之感到骄傲。就是在这个图书室里，我迫不及待地播放了卡尔·罗杰斯的《发现自我之旅》。我当时应该意识到，这个图书室会抢了纪录片的风头。在这间图书室中，我最喜欢的是一个很不显眼的螺旋式小楼梯。顺着楼梯走下去是一间地下室，这里藏着霍顿一家的文学宝藏。我们搬进来的那一天，一辆运钞车停在门外，运走了霍顿一家收藏的《古腾堡圣经》，这版《圣经》在全世界仅剩下六本。

我们即将搬去水牛城，但我们不想卖掉这栋房子。于是我们把它租给了一对夫妇。这对夫妇是由我们双方共同认识的一位朋友介绍的。男主人在政府中工作，女主人是名律师。他们都很有魅力，也很成熟，所以我们毫不犹豫就将钥匙转交给了他们。但是，在当时那个令人眩晕、任性而为的日子里，他们的婚姻关系也慢慢变得紧张起来。他逃去了一家公社，她则陷入了抑郁的深渊。波士顿的一个朋友打电话到水牛城，问我们是否知道房子的前门——就是在精致扇形窗下的那扇门——完全敞开着，而且在风中摇摇欲坠。直到这时候我们才知道栗子街 14 号出问题了。我们知道租金已经拖欠了很久，但我们却不曾察觉，在那栋可爱的房子里，那对夫妻正承受着巨大的痛苦。房子有多久没人照顾已经无从知道。积水从敞开的大门中渗入到地基里，导致地基产生了裂缝。但这些和那位不幸的妻子所遭遇的一切相比根本不算什么。当我们回到波士顿清理那栋无人居住的房子时，克莱尔发现，那个悲痛欲绝的妻子数月来都在记日记，她把这本日记本落在了这栋房子里。翻看她的日记，克莱尔一开始觉得很内疚，但却实在没有办法停下来。和约翰·奥哈拉所写的《萨马拉之约》一样，这本日记也无情地走向了悲剧性结局。随着日子一天天过去，这位妻子变得越发绝望，精神也越发狂乱。克莱尔在读日记的时候，眼泪不停地顺着脸颊往下流。这位年轻的妻子在写下最后一篇日记后，没过几天就自杀了。

水牛城大学经历了四年的骚乱时期。在一个接着一个危机的打击下，重建这所大学的激情渐渐退却。克莱尔在勒布兰弯道上找到了一栋朴实无华却又宽敞的房子，就是在这栋房子里，我们在 1968 年迎来了二儿子威尔的出生。虽然我的家庭成员在不断增加，但是我陪伴他们的时间却越来越少。勒布兰弯道的住处和我们在其他地方的住处一样，总是挤满了我的客人。在水牛城，我觉得最大的不同就是，我得雇用上百名新教师和管理人员。我们这些教务长都努力录用最好的人选。第一年我面试了 30 个候选人，录取了 9 个系主任，2 个院长。泰德·米尔斯（我是他的“转换者”，在《水手比利·巴德》试验中帮他淡化印记）从哈佛赶来，担任水牛城大学的社会系系主任。我还录用了约翰·汤姆斯，他来自麻省理工学院，在那里，他获得了博士学位，并担任助理教授，我把他派任到我们的新政策科学中心。现在，约翰是水牛城大学管理学院的院长。每当一个最受期待的新人选择另一所大学的时候，我们都会感到崩溃。我还记得其中有一个让我翘首期待的哈佛大学金融系博士生，名叫莱斯特·梭罗，我们向他提供了非常好的待遇，包括终身的副教授职位。但他最后还是选择了麻省理工学院。

在那段时期里，我家一共举办了 65 场派对。有时候，我会邀请 200 个人到我家，与一个出色的求职者或显要人物见面。一天，在我家的花园里，我突然意识到自从担任教务长之后，忙碌的工作安排已经让我付出了沉重的代价。我在看书的时候，4 岁的女儿凯特走到了花园里。她走向我的时候，脸上的表情相当严肃。“你在想什么？”我问她。“我在想，长大以后想要成为什么样的人。”她说。“那你决定好了吗？”我问道。她点了点头，沉默了片刻之后说道：“我想成为一名客人。”我哈哈大笑着将她抱了起来。但是，当她走进屋子里时，我不禁失声痛哭起来。

1970 年是水牛城大学的多灾之年。1969 年的秋天，马丁作了一个令人费解的决定。福特基金会推出了一个研究高等教育的特别小组，马丁要将三分之二的时间腾出来去领导这个小组。包括我在内的一群人都认为他的这个决定不合时宜，因为我们为水牛城大学制订的宏伟计划当前还处在萌芽阶段。马丁没有辞去水牛城大学的校长职位，但是他任命医学院的彼得·里根为代理校长。当时我还只是校务副校长，是马丁让我成了学校的代理执行副校长。

马丁是美国大学中为数不多的犹太校长之一。曾经有一段时间，每一所著名的学院和大学都有一定的限额，限制犹太学生和犹太教师的数量（少数民族和女性学生也很少）。虽然没有明文规定这种限额，但这一情况确实发生过。直到 20 世纪 60 年代，这种限额情况才渐渐好转。我听说周边社区有人感到很不满，因为水牛城大学的校长竟然是“那个来自伯克利的犹太人。”那个时代从很多角度而言都很另类、很糟糕。我的很多同性恋朋友都未曾“出柜”[1]，他们大多数都结了婚。少数民族和女性同胞几乎没有进入权力顶层的机会，包括获得行政职位和高额薪水。鲍勃·迪伦和其他一些富有远见的艺术家们向我们承诺，真正的改革即将来临。但事实上，我们从未迎来这种所谓的改革。

马丁很少会跟我提起我们共有的犹太性。但有一次，就在他即将挑选彼得·里根担任代理校长之前，他在缅因街校区附近的一家快餐店里作了一个很怪异的评论。“沃伦”，马丁说，“我知道本应该由你取代我，但是我要把这个职位给彼得，因为我觉得大卫之星已经给伊利县带来了很大的阴影。”这个理由即便现在听来也让我觉得有点虚伪。

马丁离开水牛城大学的时机再糟糕不过了。在查尔斯·珀西·斯诺所著的一本小说中，他提出了一项忠告：“千万不要在危急关头抽身离开。”斯诺所言极是。1970年整个春季学期，学校都像是个战场。学生们不断抗议、示威，水牛城警察随即采取了相应的措施。我觉得他们的反应有点过激，将形势逐步升级为暴力斗争。在一些场合中，警察甚至还向学生游行者发射催泪弹。一个使用了一半的催泪弹筒在学校花园里躺了好几个星期，它鲜明地警示着当时的美国校园已然成了另一种形式的战争地带，校园生活笼罩着一种奇怪的、让人悲哀的阴影。3岁的约翰对这样的校园生活充满了好奇。无论在水牛城大学还是在其他地方，学生们都不再上课，而把时间都用来抗议和示威。一位学生电影制作人把他关于那一学期的纪录片命名为《安迪几乎不是一所大学》，非常贴切地概括了那时候的校园氛围。

布鲁斯·杰克逊和我在波士顿相识，我们又同时来到了水牛城。布鲁斯曾是哈佛大学的初级研究员，这在学术界是一项最具声望的荣誉，也让他能在不同的领域中做研究。他在水牛城大学英语系任教，对叙事学、伤

[1] 英文“come out of the closet”的直译，即公开性倾向。

感音乐、电影和摄影都很感兴趣。现如今，布鲁斯是一名作家，也是一名著名的摄影师，他是纽约州立大学著名的教授，还是美国文化方向研究詹姆斯·艾吉的专家。在 1970 年那个似乎永无止境的春天，布鲁斯在最糟糕的情况下成了我最好的朋友。他总是站在我这边支持我，帮我写发言稿、起草媒体陈述词、帮我分担其他一些与危机相关的杂事。有时候我们甚至彻夜加班。有几次，我穿了一件提洛尔人式的斗篷，所以校园里一些爱打趣的人把我称为蝙蝠侠。布鲁斯也逃不过被起绰号的命运，一些人称他为罗宾。布鲁斯的陪伴和忠告让我度过了那段难熬的时光。我们之间建立了深厚的友谊，一直维持至今。

一开始，我觉得舒了一口气，因为接到一个烫手山芋的是彼得·里根，而不是我。3 月初，学校里到处流传着一些谣言，说学校管理层将召集 4 000 名左右的防暴警察入驻校园，预防学生进一步的破坏行为。我当然反对管理层作出这样的决定，也告诉了彼得我的立场。应该就在 3 月份的第一个星期，彼得让我把所有的院长、系主任和学生会主席聚集到我家开会。他让我向所有同事保证学校管理层根本没有计划这种所谓的警力入侵。我按照彼得的嘱咐，在 3 月 6 号星期五的下午 3 点举行了会议。当我宣布没有计划允许警察出现在我们的校园时，几乎每一个人都松了一口气。

会议结束后，我从家里步行前往彼得那位于校园外的临时办公室。我没有受到他的邀请就走进了他的办公室，但当我进去的时候，我简直无法相信当时所发生的一切。彼得和水牛城警察局局长坐在一起，这位局长正在口述一封信，而这封信即将以里根的名义发布出去。信上规定，将近三分之一的当地警力将对校园进行 24 小时巡逻。我气愤极了。很显然，彼得将使警力入驻校园合法化，他对我说了谎，隐瞒了他的这一计划。最糟糕的是，他让我在不经意间对同事说了谎。从某种程度上说，我体会到了科林·鲍威尔的感受。鲍威尔为布什政府辩护，称入侵伊拉克这一说法是毫无根据的，可是到头来，他自己的信誉遭到了极大的破坏。我和彼得争论了一番，劝他不要蹚这浑水，可是没有起到任何作用。于是，我疾步走出了他的办公室，“砰”地将身后的门甩上。

我径直向马丁家走去，将刚刚的所见所闻告诉了马丁。我向他说出了自己的担忧，恐怕学校这次真的会炸开锅，很有可能会有人员伤亡。但马丁的超然态度让我感到非常不安。他给我提了一个很睿智的建议。(我很佩服马丁出色的战略技巧。他总能预想到将来可能发生的不同情境，然后有针对性地做好准备。比如说，在开会的时候，他总是尽可能地靠门坐，然后神不知鬼不觉地溜出去。)“在你采取任何行动之前，”马丁建议道，“查看一下天气预报，可能这个问题会被大雪尘封。”当时的水牛城正值冬季。这里一年的降雪量就多达 100 英寸。不幸的是，天气预报没有说要下雪。全副防爆装备的警力——而且还带着警犬——于 3 月 8 日星期天成批地进入了校园。正如我担心的那样，学生以及他们的支持者们和警察发生了冲突，所幸的是没有造成人员伤亡。第二天，我辞去了代理执行副校长一职，希望能以公开的形式反对彼得的决定。

我之前就承诺过，在那个周末出镇一次，接受西北大学校长一职的面试。在全国范围的校园内都发生骚乱的情况下，我还那么急切地想要担任大学校长，这让我感到很惊讶。但我确实很想担任大学校长，甚至还天真地希望替代马丁担任水牛城大学的校长。我在《大西洋月刊》的一篇文章中写道，那次 3 月份的面试还穿插了一个生理喜剧，可能很合巴斯顿·基顿的口味。那时正值午餐时间，我们选择了一家优雅的乡村俱乐部。对于选择大学校长这样一种文雅交易而言，这么一家乡村俱乐部是再合适不过的地方了。一个来自博思艾伦哈密尔顿咨询公司的代表向我描述了一下具体情况。多亏了红玛丽混合酒和雪莉酒，面试官和我都放松了很多。我们坐下来吃了一些新鲜的水果沙拉，然后面试的问题就开始漫天飞了。

遴选委员会的校友代表问了一个关键问题：在我看来，最伟大的大学校长是哪三位？为什么？我其实已经有所准备。首先，我举出了霍华德·约翰逊，斯隆管理学院的前院长，当时任职麻省理工学院的校长。然后，我开始解释为什么我会选择耶鲁大学极受争议的校长金曼·布鲁斯特。不过，我刚说完金曼的金字，话音还未落，坐我对面的一个年长者突然呛住了，脸变得通红。起先，我怕他得了中风。一个服务生赶紧冲上来帮他，临时用上了海姆利克式急救法。那个被哽住的人试着说话。于是，我凑近他，希望能听清楚他想说什么。正如我在《大西洋月刊》中写道的那样，就在那时，“当提到布鲁斯特时，卡在他喉咙里的蜜汁球以至少每秒 1 000 英尺的速度喷射了出来，打碎在我的额头上。在碰撞的一瞬间，那个坐在我右边的博思艾伦公司代表踢了一下我的腿。我怀疑这是不是一种反常的压力测试，每个候选人是不是都要接受他们的这一测试。”

若你的生活中发生了这种糟糕的瞬间——某人口中高速喷射出来的水果砸在了你的脸上，但你却把它写成能引你发笑的文字，我想这反而是一件最快乐的事。我觉得很有可能是因为这次蜜汁球事件，我在《大西洋月刊》上发表的这篇文章是我所写的最受好评的四篇文章之一。这篇文章发表后，库尔特·冯内古特给我寄来了一张便条，他说有一天上厕所时，他开始读我写的这篇文章，直到读完整个故事、知道我是否获得了西北大学校长职位后，他才从马桶上起来。

我没得到西北大学的校长职位，也没得到水牛城大学或波士顿大学的校长职位。所以我开始私下向一些信得过的朋友打听是否有人故意在搞破坏，让我失去所有机会。马丁和我都认识的一个住在剑桥的朋友勉为其难地告诉我，马丁在西北大学和波士顿大学的遴选委员会面前说了我的坏话。我深深地受到了伤害。那位朋友认为，马丁这么做是为了保住他自己的事业。必须有人要对水牛城大学发生的一切承担责任，如果我有错的话，那么马丁就不必受责备了。那件事过后，我问马丁是否能复印一下他写给遴选委员会的信件，然后寄给我。他寄给辛辛那提大学的信件中表扬了我的勇气，因为我在《大西洋月刊》上发表了那篇“很有争议性”的文章。无论如何，辛辛那提大学为我提供了校长一职。

对于彼得·里根批准的警力大规模入驻学校一事，水牛城大学的45名教职员工感到很震惊，他们在海耶斯大厅空荡荡的校长办公室里静坐示威。他们立马被称为水牛城大学“45汉”。不过，警方以非法入侵罪将他们拘捕了。这些学者坚信，不惜任何代价也要保护言论自由（如果连大学都保护不了言论自由，那么还有其他什么地方能做到呢？），他们认为越南战争是错误的。和其他很多教职员工一样，我很佩服他们，但学校的管理层却对此不以为然。这45个人当中，有很多人是英语教师，所以我敢肯定至少有一个反抗者在静坐示威时戴上了梭罗的《论公民的不服从》(*Civil Disobedience*)，他后来肯定也把这本书带到了伊利县监狱。

在那个漫长的春天里，教职员工的社交生活充满了各种派对、音乐会和其他事项，目的是为了替水牛城“45汉”筹集资金，以便为他们提供法律辩护。尽管有朋友忠告我，让我跟任何形式的激进主义行为保持一定距离，但克莱尔和我还是举办了一次资金筹集会。参加派对的那群人不久就感到了厌倦，因为每次他们看到的都是那几张面孔。后来流传着一个谣言，说只要每个人都保证待在家里，那么即将有个女主人会为那45个人筹集资金。显然这个故事是杜撰的。

违警记录可不是闹着玩的。因为遭到拘捕，水牛城“45汉”其实已经身处险境，尤其是那几个没有获得终身职位的学者。那个时候和现在差不多，政治上高度极化，新左派和校园保守势力之间的关系非常紧张，水牛城大学有些院系非常崇尚自由主义，有些则不是。如果没有终身职位的盾护，那么一位年轻教授很有可能会因为发表了一些不受待见的政治观点而受到惩罚。这种情况本不应该发生，但事实上确实发生了。

水牛城“45 汉”中，有一位学者虽然不存在终身职位的困扰，但由于参加了静坐示威，他付出了沉重的代价。他的名字叫约翰。他很安静，只有 30 岁，是一名英语助理教授。当时他不在教书，因而有时间构思他的第一部小说。约翰很勤奋，深居简出，最近刚获得了得克萨斯大学奥斯汀分校英语、语言学、日耳曼语系的博士学位。他的博士论文研究的是萨缪尔·贝克特。现在我已经记不起他的长相了，但我敢肯定的是，我俩不止一次在资金筹集会上见过面，我还认识他的办公室同事黛安娜·克里斯蒂安。（黛安娜之前是名修女，现在是水牛城大学的英语教授，也是纽约州立大学一名著名的授课教授，她是我的好朋友，是布鲁斯·杰克逊的妻子。）

拘捕一事过了数月之后，约翰想申请美国的永久居住权，但遭到了拒绝，原因当然是静坐示威后他所受到的非法入侵控告。由于没有得到能让他留下来的一纸公文，约翰于 1971 年回到了他的故土南非，这一年我也正好离开水牛城去了辛辛那提。他加入了母校开普敦大学的教职员工队伍，然后继续他的写作事业。2003 年，这位水牛城“45 汉”之一的约翰·马克斯韦尔·库切获得了诺贝尔文学奖。

最近，我让黛安娜再告诉我一些有关她的这位前任办公室同事的信息。“约翰是个有着深切感情的人。他非常沉默，所以我总是尽量说更多的话，这样才不至于冷场。”她说，“他的一个典型特征就是沉默，这种沉默不仅仅只是沉默寡言，而是一种无情，虽然你知道他是有感情的。有一次，他回到水牛城大学举办讲座，我们邀请他吃饭，但他在饭桌上没说一句话。瑞秋（布鲁斯的女儿）说那是她经历的最尴尬的桌宴。”（黛安娜猜想，问题的一部分原因可能是她和布鲁斯在饭桌上准备了肉和酒，这两样菜肴约翰连碰都没碰，因为约翰是个动物权益保护者。）“但是，”她回忆道，“大概过了三个难熬的小时之后，他放松了，于是我们有了一次精彩的对话。”黛安娜和布鲁斯为书籍编写和电影拍摄采访过很多死刑犯，约翰就问他们是如何知道这些死刑犯是否在说实话的。布鲁斯告诉他，他们感兴趣的是“死刑犯们当下的自我呈现。这就是真实的”。黛安娜说，这个回答深深地吸引了约翰，使他成了现在这个伟大的小说家。从他的写作中，你可以感受到他对这个回答的理解。

“抛开他的行为举止不谈，其实约翰有着很强的幽默感。若你能让他笑出声来，你会觉得好像获得了一次巨大的胜利一样。”她说道。当约翰赢得诺贝尔文学奖的时候，委员会刚刚结束了对水牛城大学新校长约翰·辛普森的调查。委员会想给他们的主席杰里·雅各布斯准备一份特殊的礼物。黛安娜写信给约翰，问他是否愿意给雅各布斯几本他的书，并附上亲笔签名。“约翰不是会做这种事的人。”黛安娜说，“但他不仅这样做了，而且还亲自题词，亲自签名。杰里收到后非常高兴。我爱死约翰了。他有着一颗伟大的心灵，虽然怪异，但是相当美好。”

最近有人问我，为什么那么多人，包括我在内，都会觉得马丁·迈耶森能让人心悦诚服。关于这个问题，我也想过很多。马丁于 2007 年去世。从传统的角度来看，他并不是一个有魅力的人，不过他却富有独创性。20 世纪 50 年代中期，他在芝加哥学习了安居工程，出版了一本名叫《政治、规划和公共利益》（*Politics*, *Planning and the Public Interest*）的书，主要谈论了公共住房的社会意义。他首先强调了满足社区需要在城市规划中的重要性，因为这不仅仅是该做的，关键是得到整个社区的认同对工程的成功至关重要。从 1971 年到 1980 年，马丁在宾夕法尼亚大学担任校长。据一位认识他的人说，马丁非常能干地扩建并重组了费城的常春藤盟校。他使整个学校社区都致力于一项具有雄心壮志的总体规划中，而这个规划中的一些因素和他在水牛城大学设定的计划是一样的，包括建设寄宿学校、把学校发展得更有凝聚力——无论是物质方面还是哲学方面，同时他还强调一流的研究和本科生教育。

他还接触了宾夕法尼亚大学附近的一个社区，这个社区位于费城西部，居民大都是贫穷的非洲裔美国人。从不同角度来看，这个社区其实是一个别样的世界。在加入哈佛大学教职员工队伍之前，马丁一直是费城规划委员会的一员，并在宾夕法尼亚大学教授城市和地区规划。因此，他担任宾夕法尼亚大学校长之前，他就对这所学校和费城有了深入的了解。我敢肯定，马丁离开水牛城大学而选择去宾夕法尼亚大学，这是因为他坚信自己能够胜任这项工作，能够让宾夕法尼亚大学成为一所更好的大学，不过我们都不曾提及他的这一动机。他的这一选择可能是对的。虽然马丁在水牛城大学的终身职位任期缩短了，但是他在宾夕法尼亚大学却待了很长一段时间，足以让他实现自己的理想。

马丁的另一个特点就是他善于社交的传奇能力，这点也让他广受敬仰（当社交这个词还没出现在我们的字典里时，他就已经是个社交高手了）。他似乎认识每一个重要的人。他就是一个活生生的名片盒。那个时候，数码时代还没到来，马丁总是在身边放着一个鞋盒子，里面塞满了大大小小的卡片，卡片上是各个人的联系方式。他认识很多领域里的重要人物，这些人也都很敬仰马丁——政治家、公共人才、教育家、规划师，当然还有很多公司或非营利机构的重要领导人。据我所知，他还和美国的主要运动健将有联系。因此，他是个权力掮客，很多人经常会来拜访他，征求他的意见和劝告。那个鞋盒子也让他成了一个成功的学术招聘人员。不管有没有空余职位，他总是在思考下一个要雇佣谁。人们偶尔会背着他开玩笑，说他总是倾向于选择同一类型的人——有着动听的、标准的电台广播口音并且具有哈佛大学博士学位的榜样人物。在雇用人方面，他给我上了一门高级课程，让我受用至今。第一课：尽可能多地认识不同领域有才能的人，尽可能吸引他们。当你打电话给他们的时候，他们不会挂断你的电话，或者更好的情况就是让他们主动打给你。

最近，我翻到了马丁的一张照片，这张照片摄于 1968 年阿莫斯特学院的奠基仪式上。马丁手里拿着一把铁铲，笑得和往日一样开心。他的身边是纽约州州长纳尔逊·洛克菲勒，手里也挥舞着一把铁铲。这群人当中还有马丁的小儿子马修，他的手里握着一把儿童用的小铁铲，正兴致勃勃地挖着泥土。

有趣的是，水牛城大学又一次来到了巨变的边缘上。这次的计划叫作“水牛城大学 2020”。据一位水牛城大学的朋友说，这个计划是由很多利益相关者共同想出来的，包括水牛城的居民，反映了人们实实在在的愿望。我的这位朋友把这一愿望归纳为一句话：“这所大学远比人们想象中的好得多，学校的将来也会比现在好得多。”这次变化将一步一步地进行，而不是革命性的——招募 1 000 名新教师；10 000 名新生（现在将近有 29 000 名学生）；拓建 700 万平方英尺新土地。三个现存的校园将变得更具有凝聚性。考虑到资源有限这一问题，学校将开拓现有的“战略强项”，包括纳米技术和减灾防护。另外，学校还将针对社会问题提出跨学科的解决方案。这个蓝图中有一些乌托邦式的构思，包括营建无教室限制的“学习氛围”，用铁丝或电线在室内外围出一方空间即可，这样的“教室”可以根据使用者的需要进行不同的改装。变革的推力建筑在之前原有的基础上，这所已经不错的公立研究型大学已得到了有条不紊的发展。水牛城大学 2020 不再渴求成为“东方的伯克利”，这个计划追求的未来则类似于麦迪逊的威斯康星大学或者北卡罗来纳大学，“有竞争力……因为有最好的学生和教师”。

现在回想起来，我发现正是在水牛城，我变得不再天真。在那里，我第一次尝到了背叛的滋味，彼得·里根和马丁都背叛了我。当我被某人或某事深深伤害了之后，我的反应虽然古怪但却很具有疗伤功效。我的第一反应就是把相关遭遇写成一部戏剧。我知道这听起来很不可思议，但我真是这么做的。当我发现马丁对我支持不足时，我就开始为我的戏剧记笔记。为了渲染马丁想要陷害我的企图，我用到的构思和利顿·斯特拉奇所讲的一个故事一样。19 世纪的一个红衣主教亨利·曼宁为了阻止他的对手约翰·亨利·纽曼得到主教红帽展开了漫长的斗争，但到头来却徒劳无功。这个故事收录在利顿所著的划时代个人简介集《维多利亚时代名人传》（*Eminent Victorians*）中，利顿的讲述非常生动。不用多说，在我眼里，我自然是那个更加天真但更受欢迎的纽曼，马丁则是深谙政治的曼宁。写这样一部戏剧不是让我通过位移去学习，而是让我通过位移来疗伤。我试着把自己放在曼宁 / 迈耶森的位置上，想象他的动机，感受他的焦躁，因为他可能已经感觉到，相比于对他本人，历史的洪流将更加友善地对待他的敌人。虽然我没有从理性的角度分析出原因，但是我终于从情感的角度理解了曼宁为什么想要阻碍纽曼。我们都有自己的理由。几个月过后，戏剧的框架已经搭建起来了，几张笔记被我塞在了办公室的一个抽屉里，不过之后我再也没有找过它们。

离开水牛城几十年之后，马丁和我就再也没有联系过。当马丁到水牛城大学接受荣誉时，布鲁斯·杰克逊见过他。布鲁斯还告诉他，数年前他那不冷不热的支持曾经伤害过我。最终，在 2002 年，我打了个电话给马丁，告诉他我将到沃顿商学院发表一个演讲。于是，我们俩安排好见个面。布鲁斯告诉我，马丁的变化让他感到吃惊。他不再那么高大，反而缩了好几英寸，他当时 79 岁，但看上去比实际年龄老得多。但我们在电话中交流时，马丁似乎很高兴听到我的声音，他说他要到费城机场接我。但等我去的那天，他的老毛病发作了，其中一只肩膀疼痛难忍，根本没有办法开车。我叫了一辆计程车，来到了他那可爱的房子，他家位于具有历史意义的里顿豪斯广场，他和妻子玛戈一起住在那里。

有趣的是，治愈我们伤口的不是时间，而是我们共同经历的岁月和我们各自的新现状。在他家宽敞温馨的客厅里，玛戈热情地接待了我，然后留下了我和马丁单独聊天。马丁倒上酒，我们在一起坐了两小时，侃侃而谈。我们讲了一些真心话，但不多。我们各自谈论了最近几年来所做的事情，但都很细心、很体贴，因为我们一个已经退休，一个还没退休。我听说马丁从校长职位上退下来后，成了校园里的一个常客，很受学生的欢迎，他在图书馆里还拥有一个办公室。我们还一起回忆了他在水牛城大学推出的宏伟实验。但我们已经不是原来的我们，而且在水牛城大学所发生的很多事情都是痛苦的回忆。所以我们谈论了其他一些事情，如我们的孩子、世界的局势等。如果说我们曾经是对手，那么从那时起我们就再也不是了。我们两个都不再年轻。经过这么多年，我们的抱负和优先考虑的事情都已经发生了改变。我尝过职位权力的滋味，也很庆幸我很早就意识到权力斗争不会让我感到快乐。而对于马丁，我则为他感到一丝遗憾。我不知道他是否兑现了早期所有的承诺，他是否成功地运用了他的天赋，成为一名出色的管理者。他没有为做过的事道歉，我也没有。我们没有谈论我们之间的关系，也没有谈论我们的关系是怎样失败、为何会失败的。相反，我们都很友善地对待彼此。我们吃了甜点，喝了咖啡，就我们两个。我们或微笑，或轻声地笑着。当我们说再见的时候，我们给了彼此一个拥抱，传递给对方真正的温暖，这是第一次，也是最后一次。其实，我们没有化解任何事情，但一些不愉快的事情被我们抛到了脑后，一些事情变得更加美好。如果我要写一部戏剧记录我们最后的相聚，那么我会把它命名为《费城救赎》。

第六章

向州立大学前进

我即将在1971年的秋天成为辛辛那提大学的校长，对于这一前景，我感到非常激动。尽管马丁·迈耶森对于水牛城大学的设想没有实现，我在国家训练实验室中设想的行为科学大学也没有成行，但是我仍然如饥似渴地想要尝试一下道格在安迪亚克大学采取的举措。我想以一个变革推动者应有的热情和技巧投入到领导事业中。自从第二次世界大战以后，社会科学教会了我们很多关于人类动态性方面的知识，我就想创设一所能够反映这方面知识的大学。虽然担任辛辛那提大学的校长并不像领导耶鲁大学或斯坦福大学一样有声望，但是这样一个角色也给了我一定的机会，让我看看自己能否成为我一直以来敬仰的、具有社会观念的学术领导人。当我告诉大卫·里斯曼我在考虑去辛辛那提大学担任校长时，他一如既往地给我提了一些建议。大卫的妻子埃维来自北肯塔基。出于这个原因，对于俄亥俄河两岸辛辛那提和肯塔基共有的独特地区文化，大卫显得尤为了解。至于辛辛那提，大卫说这是一个令人骄傲的城市，不过非常保守。大卫很了解辛辛那提大学，他认为学校很多个项目都被低估了，尤其是法学院和音乐学院都没有受到应有的重视。他给了我一个非常具体的建议：如果可以的话，尽量不要和医学院扯上关系，因为这个学院会占据你所有的时间。

他是多么的正确啊!

搬进校长办公室后，没过几个星期我就发现，在我领导这所学校之前，就必须先对其加强管理。在我刚上任的100天里，就爆发了两场危机。第一场危机是由院长亨德里克·吉第昂斯的婴儿引发的骚动。亨德里克想亲自照顾他那刚刚出生的婴儿，让他的妻子能自由地追求她的事业。当时有不少丈夫都是这么做的。于是，每周两天，他会把孩子带到学校的办公室里，把婴儿的可折叠式摇篮车放在办公桌上，时不时地放下院长的工作，和他的儿子说说话，给他换尿布。我倒没想到有人会看不惯亨德里克的这一行为，我觉得他的做法值得敬仰。当地记者（现在是我的好朋友）格洛里亚·安德森写了一篇关于院长爸爸的故事，发表在了《辛辛那提问询报》（*Cincinnati Enquirer*）上，还附上了亨德里克和他那位很小的办公室同事的照片。那个新闻周相当的漫长难耐，因为这个故事很快就被通讯社和电视网相继转播。当这个故事在全球范围内传播开来之后，各种信件开始源源不断地涌入我的办公室。令我感到惊讶的是，这些信件的语气大都是生气的，甚至有点愤愤不平。当地的读者都想知道，为什么辛辛那提大学一个院长的职责还包括照顾婴儿，为什么他们要把税收交给这样一所大学。一些愤怒的市民强烈要求搞明白为什么这个婴儿不待在他该待的家里睡觉，而跑到了院长办公桌上的日历或收件箱旁，好像亨德里克和他的妻子犯了一种新型的虐待儿童罪一样。

起先，我觉得这种反对意见太没有意义，根本不需要去平息风波。于是，我把收到的其中一封信件转交给了亨德里克——这封信没有那么刻薄——但贴在了一盒尿布上。不过，随着信件不停地蜂拥而来，我才意识到，这个问题需要花费一定的时间去处理，每个领导都会遇到类似的事情。国务院甚至还造了一句话，意指这类耗费精力的分心事。国务院的员工会这样抱怨："你把尿湿的婴儿放在了我的办公桌上。"其实，尿湿的婴儿这件事很容易解决。我告诉媒体，亨德里克是一名一流的院长，他想成为一名亲自照顾孩子的父亲，这很值得赞赏，而且也不会影响他的表现。这场喧闹才渐渐得到了平息。

在我上任三个月里发生的那两次危机中，这个事件还不算严重，另一个危机才严重到差点毁了整所大学。这次危机和大卫·里斯曼警告过我的医学院有关。那天正值万圣节，大概下午 6 点钟左右，我正准备离开办公室，希望能及时赶回家看到穿着各种万圣节服装的孩子们。当我朝门方向走去时，我的秘书伊芙·鲁佩特给我打了个电话。"参议院肯尼迪办公室打来电话，正等着您接电话。"她说，"我觉得您最好还是接一下。"毫无疑问，我肯定和泰德·肯尼迪在栗子街上时不时地擦肩而过，但我们从来没有见过面。肯尼迪虽然在参议院待了十年，但却还不是参议院之首。不过，肯尼迪已经是卫生保健和公民权利的国家领导人。我想不通为什么他的办公室员工会打电话给我。那位肯尼迪助理问我是否意识到"你的法学院"目前正在进行的问题实验。接着他向我描述了整个事情的经过，听起来很像医疗恐怖片。

据这位助理所说，在医学院的教学医院中，癌症晚期的病人正在接受全身性放射治疗实验。这项实验由国防部资助，目的是为了研究大剂量放射对人类的影响。在冷战期间，当美国和苏联都在贮存核武器时，这是一项合法的军事关注。这项实验数年前就已经由学校的核医学系主持展开。最近在肯尼迪的华盛顿办公室里敲响了警钟。肯尼迪有一群一流的雇工，他们经常会监督一些和健康有关的实验研究，因此当他的助理告诉我这件事的时候，我就知道作为参议院卫生委员会的主席，肯尼迪一定会担忧实验的道德准则。这个实验确实存在很多疏漏，但最让我感到惊讶的是，病人们没有签署同意书就被给予了放射性治疗，他们大多数都是贫穷的非洲裔美国人——有一些是患有发育不全症的孩子，而肯尼迪家族长期以来都很关注这类孩子的利益。不用说，对于这件事，我感到非常震惊。在挂断电话之前，那名助理告诉我，肯尼迪参议员可能会就此事举行一次国会听证会。

这个问题的严重程度可谓不断加深。随着调查的深入，这个问题变得越来越严重。撇开道德准绳不说，我发现这项研究在程序设计上就存在缺陷——至少没有对那些死者进行验尸。至于道德方面的问题，我发现学校没有一个正规机构可以确保所有的研究都要符合道德标准，包括获得病人的知情同意书，这让我感到很失望。在20世纪60年代早期，斯坦利·米尔格拉姆那令人打寒战的“权力服从”试验之后，大多数校园中都设立了相关的社区和审查委员会。我知道，无论我对媒体的陈词多么优雅动听，这个迫在眉睫的丑闻都不可能被轻易地平息。所以，在采取行动之前，我四处搜罗明智的建议。罗伯特·奥尼尔是哈佛大学法律系的教授，也是马丁·迈耶森的前任助理，后来我把他引荐到辛辛那提大学担任教务长。和其他人一样，他也告诉我，在国会听证会上，学校和校长都极易受到抨击。举个例子来说，那些听证会的对象是没有法律代理的。核医学系的系主任吉恩·桑格教授——在我看来，他是这次事件的罪魁祸首——也建议我尽可能避免参加国会听证会。幸运的是，我有一大群可以求助的智囊团。我给沃尔特·罗森伯利斯打了个电话，他是麻省理工学院的院长。他很确切地说，国家科学院会派遣独立的专家委员会来对这一情况进行评估，他催促我立即停止这项实验。我还给我的老朋友德里克·伯克打了个电话，他是一名训练有素的律师，那时也是哈佛大学的校长。他建议我找一名最好的律师，而不是关系最近的律师。我知道这个全身性放射问题需要好几个月才能得到解决。令我感到欣慰的是，在剑桥待了 20 年，又在阿斯彭研究所和众多天才或近乎天才的人交流了数十个酷暑之后，我发现只要打一个电话，我就能知道所有想知道的事。

这次危机持续了将近一整个学年。每次出现转机的时候，核医学系都会让事情变得更糟糕。我告诉过桑格教授，除了我和我们的律师之外，其他人一律不得对媒体发言，不过事与愿违的是，虽然有些人下决心要为这个项目做辩护，但他们却透露了相关的信息。核医学系的一些人接受了《60分钟》节目的采访，显然他们是想证明医学系这一实验的合理性，但最终却深深地伤害了他们自己。不管用什么方式辩解，这项研究听起来都像是一场令人毛骨悚然，甚至还带有种族主义色彩的恐怖事件。

在对整个情形进行评估并咨询了我那些慷慨大方的朋友之后，我们开始采取行动。首先我们设立了一个道德委员会。与此同时，我们联系了国家科学院，他们派了一群专家来对这个情况进行评估，之后命令我们立即停止这项工程。我们照做了。不出我所料的是，很多医学院的师生都认为我的这个决定违反了学术自由原则，并且指责我反科学。国会听证会似乎仍然在所难免。俄亥俄州的民主党派州长约翰·吉利根是辛辛那提人，他告诉我："躲过听证会的唯一办法就是去华盛顿找泰德·肯尼迪，并向他说明你为了缓和局势所作出的一切努力，最终让他改变看法。"（吉利根州长是前任堪萨斯州长凯瑟琳·西贝利厄斯的父亲，凯瑟琳现在是奥巴马政府卫生与公众服务部的部长。）所以，1972 年初，杰克·吉利根就和我飞去了华盛顿。我们和这位仅存的肯尼迪兄弟坐了将近一小时，我详细地向他讲述了在发现学校正在进行这样一项令人不安的实验后，我的员工和我是如何采取相应措施的。泰德·肯尼迪已经 40 多岁了，但他的头发却仍然乌黑。坐在了参议员的对面，我就知道我们的大学处在了危急关头。我担心自己不能说服他，无法让他相信我们正在竭尽一切可能纠正错误。

最近，有人让我描述一下拜访肯尼迪参议员办公室的经历。墙上有没有挂着那15个被约翰·菲茨杰拉德·肯尼迪和罗伯特·肯尼迪遗留下来、由泰德养育着的孩子的照片？装饰的主题是航海吗？有没有见到葡萄牙水犬？我都不记得了。我记得的只是肯尼迪那熟悉的脸庞、洁白无瑕的牙齿和迷人的微笑。美国每一位民众都知道他最近这几年的经历。1968年，他为自己的兄弟罗伯特写了一篇令人心碎的悼词。1969年，在查帕奎迪克岛上又发生了一场恐怖的汽车事故，罗伯特的前助手玛丽·乔·科佩奇尼不幸丧生。我记得的只有他的温暖。当我向他讲完我们对这项实验的反应措施后，他向我表示同情，对我作为负责人需要经历的一切深有同感，这让我很感动。他的表情甚至还映射出了我的苦闷。最终，肯尼迪对国家科学院委员们的介入和我们采取的措施感到很满意。之后，国会调查就再也没被提起过。不久后，核医学系的系主任桑格辞职了。

在辛辛那提，我总是忙碌着，时而从一个会议赶到另一个会议；时而拼命想办法让这所大学变得更具有创新性，更加兼收并蓄；时而和年轻且富有智慧的首席财务官迈克·乌尔曼一起分析数据，他现在是杰西潘尼的会长和首席执行官；时而又在上千个派对和接待会上闲谈。这是我第一次要为一个组织机构的行为负责，他给我带来了沉重的压力，我连睡觉的时间也几乎没有了。在辛辛那提，我总是在挥霍我的精力和时间。可能是出于我对小组有效性的信念，我决定每周三下午开放我的办公室三个小时，校园里任何一个想见我的人都可以在这段时间内到我的办公室。这种开门会话的形式，或者叫开放时间很快就吸引了一大批人，开放时间也随之持续到晚上。其中有一个年长的妇人每周都会来，她总是静静地观察着整个过程，开放时间内她都在织毛衣。后来我问她是否有什么意见和建议，对我有什么疑问。“没有，”她说道，“我来这里是因为，这儿有镇上最精彩的表演。”尽管我在这些非结构化的集会上学到了很多关于这所大学的事情，我还是决定在尝试了几年后结束这一形式。虽然这一形式很吸引人，但是在处理事情方面很没有效率。不过，我还是经常在学校加班到深夜，当我回家的时候，孩子们早就已经上床睡觉了。

在辛辛那提，我们居住在小山上一幢壮观的维多利亚式房子里。房子有很多卧室，足以容纳暂居在我家屋檐下的各色人群，其中包括各式各样的保姆、以帮做家务换取食宿的年轻女佣工，以及络绎不绝的游客。当床位满员的时候，我们的客人就睡在沙发上，或者直接把他们的睡袋铺在地板上。我们的房子一半是招待所，一半是艺术家的领地，因为一个房间里有个舞者在练习跳舞，另外一个房间里一个来访的显要人物在准备演讲，当然还有房子的女主人克莱尔也是一个社会表演者。吃晚饭的时候，人们的交流总是带有学术研讨会的风格，参与讨论的人大概有 12 个左右，有时还会更多。在几个温暖的夜晚，我们吃完晚饭后，有人会大喊一声“踢球！”于是包括孩子们在内的所有人都会跑到外面玩到尽兴，直到天太黑，大家看不清球在哪里才会结束。正如我在写给凯特的迷你回忆录里说到的那样，对于那些多才多艺的人、寻找自我的人和各种各样贫穷的艺术家而言，我们的这所房子就是一个天堂。我喜欢这个地方强烈的集体主义感。当我想要独自一个人安静的时候，我会躲到三楼的书房里。我记得有一次从三楼的窗户往外看时，正好看到我家的车子沿着车道往前开。我以为是我家的一个客人把它借走了，但事实是，车子被偷了。

来到辛辛那提，我称不上得到了重任。大多数教职员工想让辛辛那提大学的历史学家汤姆·邦纳担任大学校长，但是，对于那些信任汤姆的人来说，他都显得太自由主义了。遴选委员会觉得我是最没有威胁性的。作为大学校长，我成了一个公众人物。这一角色我之前从未扮演过，但却很快吸引了我。辛辛那提大学是这座城市最大的雇主，因此也为辛辛那提市产出了最大的收益，大学的校长也随之成了镇上的三四个名人之一，重要程度仅仅排在市长和市执行长之后。作为大学校长，我得以会见所有人，包括所有拜访辛辛那提市的重要人物。正规的场合非常多，所以我买了两件燕尾服。

我刚到辛辛那提的时候，当地的商人小弗雷德·拉扎勒斯就试着提醒我警惕一些诱惑，刚来到这个丰富多彩的社区的人都会面临这些诱惑。辛辛那提人说话的口音不止一种，他们的文化也很独特。对于人们的行为表现，这里也有着不成文却很严厉的规定。弗雷德 70 多岁，比我年长些，但他是个相当成功的商人。他的家族在哥伦布成立了拉扎勒斯百货公司，还和别人共同创立了联合百货公司，也就是现在的梅西百货公司。虽然弗雷德没有提起过他想要助我成功的原因，但我敢肯定其中有一条是因为我是他的一名同胞，一名犹太同胞。在那个时候，只有极个别犹太人当上了大学校长，所以当地社区中很多犹太人都很支持我。不久前，辛辛那提市的反犹太情绪相当激烈，因为这个地方与南方临界，所以也并不奇怪。辛辛那提大学是这座城市钟爱的大学，而我能成为这所大学的校长，这在很多犹太居民眼里是一种进步的象征。像弗雷德这样支持我的人不希望我把事情搞砸。对于那些让犹太同胞蒙羞的人，意第绪语中有一个很贴切的词形容，即 shanda[1]。为了让我摆脱这样的命运，弗雷德亲自指导我，确保让我知道在辛辛那提这样一个保守的社会中，危险的暗礁和浅滩在哪里。（显然，辛辛那提的保守主义思想在很早前就存在了。马克·吐温曾经嘲讽道，如果这个世界即将终结，那么他会选择留在辛辛那提市，因为这里会比其他地

[1] 意第绪语，“蒙羞”之意。

方晚十年终结。）在我们见面后不久，弗雷德就邀请我去他的办公室和他共进午餐。他给了我一些很好的忠告。“沃伦，”他说，“头几年先避开公众的视线，保持低一点的姿态，远离新闻报道。慢慢了解你的教职员工团队，了解董事会的人。”

如果我认真听取了弗雷德的建议就好了。若想在辛辛那提取得成功，你首先得掌握它的文化。可是相反地，我一下子就投身进去了，这是每一个热情的新来者都会犯的致命错误。接下来的几年里，在经历了无数艰难困苦的历程之后，我才知道辛辛那提蔑视任何一种华而不实、任性而为的举止行为，这就是为什么我不应该答应上当地电台一档每周脱口秀节目的原因。我当时的设想是，这个节目能以一种低成本、高效益的方式有力地对外展现学校的良好一面，实际效果也正如我预想的那样。但我不应该默许电台把这档节目取名为《本尼斯》。

担任大学校长意味着我和家人都要接受细致的审查，脱口秀也没能满足人们的好奇心。因为我现在是个著名的辛辛那提人，我们一家又都很上相，所以我们经常出现在当地的报纸上，并且还附上我们一家的全家福。其中有一张照片上，我们一家五口微笑着坐在一辆崭新的凯迪拉克敞篷车里。这张照片至今仍然让我感到局促不安，因为这辆车其实是借来的，但是人们不知道这一点。而且我也没有完全领悟到，这辆车不会让人们知道我是个充满活力的新校长，反而让人们觉得我是个品位有问题的外乡人。我家门口总有很多人经过，他们会扬起眉毛，散播谣言，说大学校长的家里住着的是两个嬉皮士，他们没有亲密的伙伴。这话听上去确实有点可信度，所以辛辛那提人都被吓到了。都市神话开始围绕着放荡不羁的本尼斯一家，而克莱尔总是在这些神话中扮演着重要角色。在一份报纸上，克莱尔穿着一身漂亮的玛丽麦高长礼服，赤着脚。不久后，一个谣言就不胫而走，说大学校长的妻子光着脚去超市——这显然是不可能的。我讨厌我的家人成为这种关注的焦点，这很容易让人分散注意力，而且越来越带有负面影响，越来越没有人情味。

不过，由于我忙于处理学校的事，因此对于外界的看法，我也没有太注意。我开始雇用人。学校的前任管理者已经取得了一个重大的成功，雇用了第一个踏上月球的宇航员尼尔·阿姆斯特朗，使他成了工程学系的一名教师。如果没雇用他，那简直就是管理层的罪过，因为他就住在附近的代顿。我们决定只要时机合适就会向值得敬重的人颁发荣誉学位，而不仅仅是等到毕业的时候。这样做的话，每一个受奖者就都能得到应有的关注。与此同时，我们也希望学校能从中获益，所以我们要求每一个受奖者“在晚餐前献唱”。针对受奖者不同的专业，我们邀请他们在大学里待上一个星期，为同学们开设大师讲堂，教同学们如何表现，如何与师生互动沟通。

在实施这项计划的过程中，未来派画家阿尔文·托夫勒是个极具争议性的选择。其他人还包括心理学家埃莉诺·迈克比，她去过中国，是最早研究中国育儿方式的西方学者之一。她把去中国这一开拓之旅的相关资料做成了幻灯片展示给我们看；另外还有参议员萨姆·埃温，他带领参议院情报委员会调查了水门事件，最终导致了尼克松总统的辞职。埃皮·莱德勒也获得了荣誉学位。她更为人所知的一个名字叫安·兰德斯。1969 年，她突然打电话给我，说很喜欢我写的《当今社会》(*The Temporary Society*)。自打那时候起，我们就成了朋友。在一次会议上，我们都被邀请发言，她来听了我的发言，并记了大量的笔记。后来她说：“如果你不介意听取安·兰德斯的建议的话，我对你的演讲想提几个建议。”她一边喝着茶，一边拿出记录好的 14 条建议。虽然她不是个矫饰言辞的人，但还是就我演讲一开始的措辞进行了批判。“其实，重要的东西已经被你掌握在手心里了，可是你自己却把它吹走了。”她说，“你还记得你一开始说的话吗？‘后面的人能听到我说的话吗？’如果他们听不清你说话，他们自然会告诉你的。”自那之后，我每次发表演讲之前都会思考一下她的意见，也总是试着一开始就用最精彩的演讲引起听众的兴趣。另一个受奖者是钢琴家范·克莱本，他是第一个获得柴可夫斯基奖的美国人。他和他的母亲一起来接受了这个荣誉，他的母亲也毕业于当地的一所大学。克莱本强烈坚持他的母亲也应该获得这一荣誉学位，因为她是他的第一任启蒙教师，也是他取得所有成就的功臣。我虽然很受感动，但还是拒绝了他的这一请求。

到了 1975 年，时局就显得更加明朗。辛辛那提大学要想发展壮大，甚至是存活下来的唯一途径就是持续获得额外的资金。虽然辛辛那提市对拥有这所大学感到很自豪，但事实上，辛辛那提大学所有的资金中，这座城市只贡献了 6%。尽管其他地方的人都把辛辛那提大学看成是一所乡村俱乐部学校，但是这所学校绝大部分生源都是工人阶级。有 35000 名学生通勤去学校，因为他们每年都不得不积攒学校所需的费用。那些很想接受大学教育的人都无力承担辛辛那提大学的费用。学校建筑的维修都被延期，严重威胁到了结构的安全性。

这个问题出自学校的特殊地位。1968 年之前，国家体制中一共有三所市级大学：辛辛那提大学、艾克朗大学和托莱多大学。但在 1968 年，艾克朗大学和托莱多大学都成了州立大学。辛辛那提当时的校长沃尔特·朗撒姆通过商议达成了一个决定，让辛辛那提大学成为国家体制中唯一一所附属于州的市级大学。大多数辛辛那提居民都认为这个决定不错。但是如果深入调查一下的话，我们就会发现艾克朗大学和托莱多大学比辛辛那提大学多了 4 倍的流动资金、8 倍的资本基金。辛辛那提大学要想存活下来，就必须迅速从国家那里获得 1550 万美元的资金投入。后来我们意识到，我们也应该把辛辛那提大学变成一个州立大学。但同时，我们也很清楚，国家体制中的州立大学肯定会反对辛辛那提大学加入它们的队伍，因为辛辛那提大学州立化意味着这几所学校获得的资金将相应减少。

州立化过程并不容易。辛辛那提人担心这所大学有一天会成为在辛辛那提市的俄亥俄州立大学，其余那些坚决拥护共和政体的哈密尔顿县居民更加反对这一决定。（自重建以来，哈密尔顿县没有支持过一个民主党总统候选人，直到 1964 年林登·约翰逊的选举。也是在这里，布什总统首次宣布我们可能会和伊拉克交战。）

但我们确实有一个有利因素。在刚入职的第一年里，我决定安排好时间领导学校。我组建了“执行官星群”，我喜欢这样称呼他们，让他们负责管理学校的日常事务。加入这个星群的标准很简单：对于你所管理的领域，你要比我熟悉，而且你要作好充分的管理准备，在作决定之前不能经常到我这里寻找帮助。迈克·乌尔曼是这群人当中最出色的雇员之一——虽然只有 27 岁，但他已经在香港的沃尔夫控股公司获得了丰富的管理经验，后来在罗纳德·里根执政期间，他成了白宫的一员。多亏了迈克和他制作的电子表格、流程图，我意识到我们要么就向州立化大学前进，要么就得坐以待毙。

我知道，要想成功，我就必须成为公众代言人，并且雇用尽可能多的助手。为了达到这个目的，我需要一位竞选项目经理，他要有政治敏锐性，对当地和国家的政策都要了如指掌，而且能不知疲倦地工作。我找到了汤姆·休姆斯。汤姆现在是个非常成功的土地开发商，当我刚认识他和妻子马蒂时，汤姆正在攻读工商管理学硕士学位。和迈克一样，汤姆也不到 30 岁。事实上，他只有 24 岁。在选举我成为校长的遴选委员会中，他是学生代表，当时他还是校友服务处的新主管。我知道汤姆的能力，因为我之前咨询过他如何提高学校的入学率——在45天之内。作为一个很有天赋的市场营销人员，他比原计划录取到了更多的学生。一开始我就知道，可能支持我们的人当中还包括自由民主党人，他们把我当自己人看待。幸运的是，我还有很多共和党朋友。在多股力量都看好我们成功的有利时刻，我们开始了州立化竞选。尽管辛辛那提市的保守性是名不虚传的，但市长却是一个改革派的黑人——泰德·贝里，市政府也推崇自由主义。州长吉利根和由他任命的董事会成员也都站在我们这边，包括牧师奥蒂斯·摩斯，他现在是奥巴马总统的精神导师。

这场艰苦卓绝的战斗持续了两年多。我们经历了两场公民投票，提案的措辞相当不好，以至于你在不知不觉中都想反对辛辛那提大学的州立化决定。汤姆对这次竞选一丝不苟、充满精力，认真程度甚至可以和总统竞选媲美。他和四个由他亲手挑选的同事一起，开始去调查国家教育的立法者和财务委员会的意图，因为我们需要这些人的支持。汤姆这个团队了解到了所有他们能知道的关于这些立法者的信息，然后他们开始寻找这些立法者崇拜的并且和辛辛那提大学有联系的人。没过多久，他们就找到了和主要立法者有联系的各类人士，包括竞选管理者和他们的亲家。汤姆他们让这些相关的人联系立法者，替学校说情。这个团队的表现相当成功，一个立法者甚至还给我打了电话，让我“喊停所有的狗”，停止调查。他说我们这个团队所作的游说努力是他见过的最有效率的，不过我们完全可以放松下来，因为他和越来越多的人都站到了我们这边。

两年来，为了这所大学，我每隔一周就会去一次哥伦布。我们所做的最明智的一件事就是用非政治化的语言重新定义了这个问题。第一年，我们需要从国家那里得到7500万美元的资助，我们知道，如果辛辛那提是地方性高校的话，是绝对不会得到这些资助的。我们在整个俄亥俄州的呼吁是，如果辛辛那提市没有一所欣欣向荣的大学的话，那么整个俄亥俄州都会因之受到相应的损失。在辛辛那提市，我们推广的理念是，大学将一直和这座城市保持紧密的联系，同时，辛辛那提大学的州立化还将减少当地税务。最终，在1976年6月8日，辛辛那提的居民举行了投票选举，通过了将辛辛那提大学州立化的决定。汤姆的团队组织了一场大规模的投票动员活动，包括挨家挨户敲门、散发邮件、组织辛辛那提大学的学生去说服父母投票等等。尽管很多居民一开始不愿投赞成票，但是70%的当地选民还是支持辛辛那提大学的州立化。这是一场伟大的集体胜利，不仅拯救了辛辛那提大学，还助它成就了现如今这所蒸蒸日上的学术机构。后来汤姆告诉我，他觉得那次的成功好像获得了领导力和组织行为学的博士学位一样，让人激动、兴奋。

不久之后，我突然顿悟了，从此我的人生有所改变。事情是这样的。1976年，在哈佛大学教育研究学院的邀请下，我前去参加了一个设在晚上的讲座，和大家分享我担任大学校长时的经历。这次讲座既不正式，也不精深。我试着倾吐领导一所大学时既劳神又愉快的心情。我描述了在辛辛那提大学任职期间的里程碑式事件——我风趣地讲述了吉第昂斯院长和他的孩子，戏剧性地回忆了全身放射治疗这一丑闻事件，还详细地介绍了带领辛辛那提大学向州立大学前进的多舛过程。我一边演讲，一边在脑子里对其进行批判。我发现这次演讲把握了一个合适的平衡点，既诚恳地说出了担任大学校长的冒险之处，又真实地评估了其间的满足感。听众们时不时地爆发出笑声，这是一个好现象。当我结束演讲的时候，听众们开始向我发问。到那时为止，我在回答问题上已经花了10 000个小时了，所以我非常在行。几十年来，我一直在回答学生和同事的问题，尤其是在辛辛那提，我学会了如何有效地回答媒体提出的最棘手问题。其中有些问题非常直言不讳，而那些问问题的记者也成了我最好的老师。

有一个问题来自大厅的后方。提问题的人是保罗·伊尔维萨克，他是教育研究学院的院长，在高等教育方面是位杰出的人物。他的问题很简单。“沃伦，”他说，“你喜欢担任辛辛那提大学的校长吗？”我突然哑口无言，不知道该如何回答。我不知道停顿了多久没有作答。对于听众而言，我似乎停顿得太久，让他们都面露尴尬。最终，我看着保罗，承认道：“我不知道。”但是，保罗的尖锐问题让我产生了顿悟。我意识到我并不喜欢成为辛辛那提大学的校长。从那时起，我开始计划接下来要做的事情。下一个角色要遵循的重要标准已经很清晰，那就是我得做自己喜欢的事情。

另一件事也让我意识到我应该重塑自己。当辛辛那提大学成为州立大学时，俄亥俄的政治开始出现右倾。民主党州长吉利根于 1975 年 1 月被共和党（前任州长）詹姆斯·罗德斯取代。罗德斯在担任州长期间召集了国民警卫军进驻肯特州立大学，造成四名学生被枪杀的悲剧。作为州长，罗德斯必定会任命自己的心腹担任学校的董事会。由于政治风气的右转，我的受欢迎程度也随之一落千丈。你很难测量别人对你的看法，我也没有花时间去做个人受欢迎程度的投票。不过有时，有些人还是会特地让你知道你在他们心中的形象和地位。

1976 年，在辛辛那提大学赢得了公民投票之后，我接到了比尔·基廷打来的电话，他之前是一名法官，也是辛辛那提大学董事会的一名成员。他很熟悉都市的生活方式和世态，对政治也很敏感，是一个共和党人，在国会也任职过几年。比尔来自一个庞大的爱尔兰家庭（他的一个兄弟就是深陷“基廷五人组”储蓄贷款丑闻的查尔斯·基廷）。尽管比尔和我年纪相仿，可他看上去就像一个祭台助手一样天真、坦率。我们的关系虽然没到亲密的程度，但也算友好。比尔邀请我到皇后城市俱乐部见面，一起喝一杯。我们聊了一会儿天，叙了叙旧。我们待的房间非常昏暗，这对于我们之间即将发生的对话而言是个很好的场景设置。比尔微笑着，他那炯炯有神的蓝眼睛非常友好，甚至给人温暖的感觉。他开始向我讲述罗德斯的当选将如何改变董事会的现状。“你知道吗，沃伦，即将重组的董事会中虽然会有你的支持者，但你们在任何投票中都会占据劣势地位，这对你个人和大学而言都将如同炼狱。你必须知道，你在这里已经很少有或没有未来了。我不知道你担任这个大学的校长还有什么意义。”比尔的语气是和善的，他脸上的笑容也从未离开过。看着他就好像看着你的家庭医生，他一边告诉你，你的病情已经发展到晚期，一边还不合时宜地笑着。这让我感到毛骨悚然。

1977 年，我决定离开辛辛那提。出于礼貌，我约了州长罗德斯，以便让他在第一时间内知道我的这个决定。迈克·乌尔曼开车送我。州长很热忱。我告诉他我已经答应把这个故事的发行权委托给辛辛那提市的一家报社，希望他能帮我保守这个秘密，第二天这家报纸会帮我公开宣布。他向我保证他会保密。不过，当迈克和我回到辛辛那提的时候，这件事已经走漏了风声，我家门前围了很多记者。

2007 年，辛辛那提大学邀请我回去接受荣誉博士的称号。直到那时，我是唯一一个没有受到辛辛那提大学荣誉称号的前任校长。汤姆·休姆斯那时是董事会的一名成员，是他精心安排了我的返校。颁奖典礼在一个美丽的春日里举行，这让我觉得在辛辛那提大学度过的那些最糟糕的日子都是值得的。现在的学校无疑是欣欣向荣的。颁奖典礼过后，汤姆和马蒂为我举办了一场精彩的派对。参加这次派对的人当中，有很多都曾在 35 年前努力工作，让辛辛那提大学起死回生，成为州立大学。派对上，我被要求做一番演讲。我点名感谢了几位在那次伟大行动中的主要参与者——杰克·吉利根、马里恩·斯宾塞、比尔·基歇尔、牧师奥蒂斯·摩斯、比尔·马洛里——俄亥俄州大会的前任领导人，以及小比尔，现在是辛辛那提市的市长。我还讲了一个故事，说出了我们这些人通过一起工作所取得的成就的内在精神。在南加利福尼亚大学，斯蒂夫·桑普尔和我共同执教一门领导力的课程，这门课程的一位特邀演讲人是电影制作人鲍伯·泽米基斯。在课堂上，有同学问泽米基斯他最喜欢自己的是哪部电影，原因是什么。他立刻给出的回答是《阿甘正传》（*Forest Gump*），然后他解释了原因。他说参与电影拍摄的每一个人——编剧、摄影师、演员、灯光师、摄影移动车操纵人员、音响师，甚至伙食管理员都在齐心协力地工作，他们使这部电影取得了成功。正如泽米基斯所说，“我们都在完成同一部电影”，这就是辛辛那提大学最终在财政上有所保障，并且得以持续发展的原因。因为，我们都在完成同一部电影。

第七章 海上一年

"一直以来，我都想住在一间船屋上。"一次在旧金山的绿色餐厅里就餐的时候，我这样告诉老朋友连尼·拉德，他是一名精神病医师，在伯克利大学教授公共卫生和城市规划。那是1979年——这一年不论从哪个角度来看都是动荡不安的。2月17日这一天，我在伦敦接受了女王药剂师的检查，检查结果是我患有"略微严重的心脏病"。这是种常见的心肌梗死，但也足以让我在米德尔塞斯医院待上三个星期。在那之后，我在温莎城堡疗养了三个月，期间得到了查尔斯和伊丽莎白·汉迪的悉心照料。

如果你会在国外突发心脏病的话，那么你最好选择一家五星级旅馆。我很幸运，因为我心脏病发作的时候，正好住在克拉瑞奇。那个时候，伦敦的救护车驾驶员正好在罢工，因此全市只有两家旅店提供救护车服务，克拉瑞奇就是其中之一。那天傍晚，我去剧院观看《艾薇塔》。当半夜醒来的时候，我感到好像有一只大象站在了我的胸口上。旅馆员工立即叫来了随时待命的医生。"你必须去医院。"他这样跟我说。接着，一辆救护车急匆匆把我送去了米德尔塞斯医院。

我在重症特护病房待了4天，然后被转移到了英王乔治五世伤员病房

21号床位。由于我的病状很不稳定，所以我的病床离护士站只有两床之隔。起先，只要我朝护士站看去的时候，就会看到一位护士警戒的眼睛也在盯着我。从某种程度上说，待在病房里的感觉有点像回到了军队里。我和各式各样的人一起度过了接下来的三个星期，面临死亡的威胁是我们唯一的组织原则。我在米德尔塞斯医院的病友包括一个制片人，他制作了英国广播电台播出的电视剧《楼上楼下》；还有一位病友是一个流浪汉，他是个亲切的小伙子，通常睡在海德公园。为了打发时间，我读了鲁德亚德・吉卜林的传记，并且发现吉卜林就是因为十二指肠穿孔而在我住的这间病房里去世。

汉迪一家经常来看望我。其他朋友也会写信或偶尔打电话来慰问我。在读到克莱尔的母亲凯・威廉姆斯的来信时，我不由地大声笑了出来。她说我很明智，选择在伦敦而不是一些穷乡僻壤发心脏病。我又开始写诗了，离开安迪亚克大学之后，这还是第一次。其中有一首诗叫作《辩诉交易》（*Plea Bargaining*），任何一个人只要得过危及生命的疾病，就能立马理解这个题目的含义。还有一首诗叫作《重生证书》（*Rebirth Certificate*）：

一

我们到处搜索，覆盖所有
商定的生存因素：数字的、物质的、精神的，
以及职业的。
我们的生命记录，尽管不那么尽善尽美，却回到了
远不止（吉卜林的辞世）1936年。

这让我们得出了一个凄惨的、无情的、不安的和

令人作呕的结论：这样一个人根本没有存在过。

二

但是，好的一方面是，我们的牧师确实说过，
和我们经历相似的一个人已经申请并且
马上会接到一封重生证书，
这是一个特殊的选择
但只给那些
上帝认为
可以用第二支蜡烛
重新点燃生命之火的人。

我把这首诗献给查尔斯和伊丽莎白。

另一个好朋友南希·福伊也来医院看望过我，给我带了一台小电视机，这台电视机简直拯救了我的生命。“看看《弗尔蒂旅馆》。”南希建议道。直到今天，我还始终坚信我之所以能存活下来，一大部分原因要感谢约翰·克里斯，他是个天才，构思并参与编写了这部电视剧，而且在里面扮演了倒霉的滨海旅馆老板巴兹尔·弗尔迪一角，表演相当出色。每一集过后，我的下巴都因为笑太多而疼痛。不久前，我在洛杉矶碰到了克里斯，当面感谢了他给我带来的快乐，让我重回健康。

汉迪一家住在温莎城堡最古老的地方，这一带可以追溯到13世纪英王亨利三世。我住院的那段时间里，他们对我非常关心，而且时常惦念着我，所以我想给他们寄一样礼物作为答谢。我好不容易说服了护士，让我用一下医院仅有的一部电话。我给哈罗德百货公司的葡萄酒部门打了个电话，

让他们送一箱红葡萄酒到汉迪家。这项交易真的很不容易。病房里从来没有清静的时候，我敢肯定酒店员工听到了那个圣公会牧师的声音。这位牧师是我的新病友，有点精神错乱，他正尖声吵着要一个便盆。酒店员工忽略了背景中的不和谐音，开始处理我的订单。他向我询问了信用卡号，我觉得事情进展得很顺利。然后，他问我汉迪家的地址。“新月弯道 33 号”。我说道。但是当我加上“温莎城堡”的时候，那个员工立马挂掉了电话。

伊丽莎白·汉迪是位很有天赋的摄影师，全世界的画廊里都有她的作品。查尔斯是我在麻省理工学院的一名学生，那时他就读于斯隆管理学院。他是个出色的作家，也是个真正富有创新性的管理思想家。查尔斯和别人共同创立了伦敦商学院。在生病之前，我参加过一次由他组织的研讨会，主要讨论塑形社会的一些革命性力量。

1979 年 3 月 8 日（我的 54 岁生日），当我出院的时候，汉迪一家热情地邀请我去他们的公寓小住，这家公寓紧缩在一面古城堡墙的后面。我能想象他们的不便之处，在他们舒适的住所，我的到来给他们平添了几分麻烦。谁会愿意一连好几个月为别人牺牲自己的私人空间和舒适安逸，即便这个人是自己的朋友呢？你又如何才能答谢别人的善良和慷慨大方？他们的女儿凯特当时 13 岁，他们的儿子斯科特 11 岁。其中一个小家伙毫无怨言地把卧室让给了我。我在汉迪家康复的这段时期，他们一家四口都心甘情愿地被我打乱他们原来的生活基调。和《弗尔蒂旅馆》一样，汉迪一家的爱也是一剂强有力的补药。不久后，我在散步的时候经过了伊顿。作为汉迪一家的客人，我有机会进入那令人垂涎的温莎公园。我总是能看到伊丽莎白女王，她的穿着很随意，围着一条围巾，穿着一件羊毛衫，坐在兰德路虎的驾驶座上。

在我心脏病发作之后，克莱尔飞来伦敦安慰我。但是几个月来，我们的婚姻变得和我的身体状况一样脆弱。克莱尔是个很棒的女子，一个富有天赋的艺术家，也是我们三个心爱的孩子的伟大母亲。我们的婚姻维持了17年，大部分时间里我们都是很幸福的。但是，5月中旬我回到美国后，我们就协议离婚了。我们分开的原因有很多。为了发展和转变水牛城大学和辛辛那提大学，我占用了很多陪伴家人的时间，当然我们之间还存在着文化压力。在那一年的畅销书中，克里斯多夫·拉斯奇说道，我和克莱尔之间存在着一种“自恋主义文化”，为了追求个人的幸福和对自由的无限渴望，我们会牺牲长久以来建立的关系。这种说法非常正确。妇女运动（或她们丈夫的行为）让很多妻子都觉得，她们为婚姻付出了太大的代价，尽管克莱尔从未表达过这种不满。心脏病也是原因之一。没有任何事情会像濒临死亡一样，让你反思你的人生是不是你想要的。我很清楚地知道自己不想做什么，但是却不确定自己想要追求什么。在经历了水牛城大学和辛辛那提大学之后，我很清楚大学管理不适合我。南加利福尼亚深深地吸引着我，虽然我会非常想念我的孩子和克莱尔，但是，那里一流的学术机构和20世纪60年代产生的自由主义反主流文化都在召唤着我。

这就是为什么我会在绿色餐厅和连尼·拉德一起吃饭的原因。绿色餐厅是一家素食餐厅，我们当时吃着丰盛的沙拉，配着独特的调味品，沙拉上还放着一些豆芽。（我记得那一年我们吃的所有东西上面都有豆芽菜。）在素食餐厅里，你自然而然就会想到肠蠕动的神奇之处。正在我开始思考这一奇迹的时候，一位女服务员走了过来。“打扰一下，”她说，“我听到了你们的谈话。我有一个朋友正在出租船屋。你需要她的号码吗？”

1979年8月，我的大儿子约翰帮我搬到了索萨利托，他当时13岁。很多年来，我一直在夏天的时候去阿斯彭研究所，克莱尔和我最终在那附近买了一栋房子。约翰和我从阿斯彭出发，开着一辆米黄色的旅行车，一路上我们都在交谈，这在平时是不常见的。这个船屋很容易就能找到。从旧金山开过金门大桥，再向右转之后就能看到。从技术上而言，这艘潇洒的、浪漫的船不能称为船屋，而应该称为方舟。它停靠在海湾地板旁，固定在了桥塔上。这艘船是由柚木制作而成，非常舒适，就像孩子们一直梦想的树屋一样。船很结实，而且五脏俱全，甚至还有一个甲板，我可以在上面看书或欣赏日落。船里面有两层，楼下有一间起居室、一间厨房——但我不记得在里面做过一顿饭——还有一间没有淋浴的卫生间。楼上有一间舒适的阁楼，里面有一个藏壁床，还有一间有淋浴的卫生间。电视机就在床脚。数月来，每到晚上，我就会听泰德·科博尔在电视上报道无休无止的伊朗人质危机。科博尔当时是英国广播公司一颗冉冉升起的新星。（我还喜欢上了苏珊·斯坦伯格的《面面俱到》，在全国公共广播电台播出。）对于一个刚刚逃离家庭生活的人而言，这艘船是个理想的避难所。每月的租金是900美金，相当昂贵，但我觉得很值得。在船上的这一年可能折射出了我的中年危机，但也让我觉得这像是一场真正的冒险，而这艘船又为我提供了完美的冒险舞台。这艘船的特质体现在了它的名字里。它叫Omphale，这是希腊语，含有“中心”之意。特尔斐阿波罗神庙中的圆石也叫这个名字。在古希腊，人们都认为这块圆石是整个世界的中心。在船屋上的这一年是我精神上的安息日，让我摆脱过去，尝试新鲜事物，放松、再充电、决定接下来要做什么。我把这一年看成是出海航行的一年，即便我的船从来没有离开过海岸。每个晚上，我呼吸着大海清爽的味道，随着富有节奏的水声进入梦乡。

在6号门那里，你首先见到的就是我这艘150英尺长的船。6号门是六个码头中的最后一个门，对我们这个四面环水的社区而言，这些码头就相当于街市。艾伦·沃茨的住处离我就隔了两个大门，他之前是圣公会牧师，将“垮掉派诗人”引入了禅宗佛教，并且他还想让整个国家都信仰禅宗佛教。有时候，我会见到穿着和服的瓦特，比起西式服装，瓦特更喜欢穿和服。不久以后，我也开始参加他在周四晚上举办的讲座，主要谈论的是禅宗、科学、性别和其他有关存在的方式。

《全球目录》（*Whole Earth Catalog*）的创始人斯图尔特·布兰德和他的妻子赖安·费伦就住在附近的一间船屋中（他们现在还在那儿）。在 20 世纪 60 年代，布兰德和肯·克西、尼尔·卡萨迪一起服用过迷幻剂，但是当他在索萨利托和我成为邻居的时候，他成了一个思想者，思考在这个由附近的帕罗奥图市促成的互联网时代中，社区存在着什么样的性质。布兰德认识道格·恩格尔巴特和很多在施乐公司帕罗奥图研究中心开发个人电脑的年轻才子。他们很多人都支持布兰德的社群主义观点。布兰德还认为电脑将成为一个多才多艺的人类工具，这也得到了他们的赞同。虽然布兰德在当时还没有成立开创性的全球电子链接这一电脑网络（简称为 WELL），但他已经提出了虚拟社区的概念，也阐述了这种社区将如何改变我们的社会和经济生活。我体验到了一种愉快感，和我在剑桥那会儿经常体验到的感觉一样。

在麻省理工学院的时候，我就和人工智能先驱马文·明斯基、西摩·派珀特、J. C. R. 利克里德，以及其他一些同事谈论过数码未来。好多年来，机器能够帮助人类思考和交流这一激动人心的观点在剑桥一直都没有得到实现，而麻省理工学院却出色地结合了成熟的技术和宏大的概念，做到了这一点。1945 年，范内瓦·布什在《大西洋月刊》上发表了一篇文章，描述了一种与个人电脑类似的多重任务智能处理机器，让斯坦福研究院的道格·恩格尔巴特产生了灵感。1960 年，和那些在剑桥的人一样，恩格尔巴特也读了立克里德所著的开创性论文《人机共生》（*“Man-Computer*

Symbiosis”)。立克里德是因特网创始人之一，他在麻省理工学院开展了一个项目，让很多用户共用一台大型电脑。同时，通过决定哪个研究项目该获得国防部高级研究计划署（简称为 ARPA）的资助，他对塑造电脑科学这一新兴领域也有很大的帮助。恩格尔巴特和他在斯坦福研究所的团队也获得了国防部的资助。到了 1968 年，恩格尔巴特向人们展示了他对个人电脑所作的重要贡献，包括鼠标和窗口操作系统。

布兰德不仅是个专家，也是一个连接人。连接人这个词是数年后，马尔科姆·格拉德威尔在所著的《引爆点》（*The Tipping Point*）一书中用以描述文化变革代理人的。在 20 世纪 60 年代突然出现的反主流文化和新兴电脑文化之间，布兰德起到了非常重要的连接作用。布兰德的《全球目录》激发了施乐公司帕洛阿尔托研究中心艾伦·凯的灵感，他将自己的偶然发现运用于电脑设计中，让其变得更直观，更适合小孩使用。此外，布兰德还就个人电脑的创始人写了几篇里程碑式的杂志文章，甚至在恩格尔巴特显示鼠标用法的时候亲自操作了摄影机。在布兰德这里，所有事情都变得有关联起来。和布兰德说话的时候，我觉得一个崭新的世界正在成形。从某种程度上说，我们都置身于这一项宏伟事业中。数字技术对当今的文化影响是任何其他技术无法匹敌的，这项发明问世的时候我还在世，我非常珍惜这种感觉。

人机界面是吸引思想家来到麻省理工学院的最大诱惑。麻省理工学院还吸引了另一类人，这类人相信经济学能通过科学的数学术语表达。在麻省理工学院，我偶尔会碰到数字时代的权威巨匠之一——诺伯特·维纳。1948 年，诺伯特的畅销书《控制论：对动物和机器的控制和交流》（*Cybernetics: Or Control and Communication in the Animal and the Machine*）唤醒了大众，让人们考虑思维机的可行性。麻省理工学院是个非常具有包容性的地方，在这里，几乎所有的怪癖都能得到谅解，只要你足够天才。但即使按照麻省理工学院的标准来看，诺伯特也是一个古怪的人。我第一次见到他的时候，他正处于50多岁的年纪，不高，但很结实，近视度数非常深。他经常心烦意乱地在大厅里游荡，把花生扔到空中，然后用嘴巴接住。

诺伯特是个真正的神童，14岁就从塔夫茨大学毕业，四年后又获得哈佛大学哲学系的博士学位。他的父亲在哈佛大学教授斯拉夫语和文学，而且据说他能讲40种语言，是大学首位犹太人院长。诺伯特也能讲很多种语言，他喜欢在电梯这样的场合里打量新认识的人，猜想他们的母语，接着用他猜到的母语和这位新认识的人讲话。尽管他的智力超常，但是诺伯特是我见过的最缺乏安全感的人。诺伯特长期以来一直有一种恐惧感，他觉得自己和列奥纳多·达·芬奇、艾萨克·牛顿、聪明的数学家卡尔·高斯和其他各个时代最伟大的巨人不在一个智慧高度上。为了减轻他的这种焦虑，亚历克斯·巴弗拉斯总是在他耳边不停地劝说，但徒劳无功。亚历克斯甚至还为诺伯特停止了自己的工作。诺伯特不管获得什么新的荣誉总还是觉得不够。诺伯特很不爱讲话，他跟亚历克斯说自己还没有获得诺贝尔奖，亚历克斯每次都会尽职尽责地劝说他。“诺贝特，”他说，“你知道人们多么敬佩你的工作吗。不仅仅在我们这里，全世界的人都很敬仰你。看看《控制论》，几个月来，它一直位于畅销书榜单上，而且人们总是会引用到这本书。”但是，无论亚历克斯多么情绪激昂地赞美他，诺伯特从来都不会高兴一下。诺伯特总是摇着头说道，“但我不是高斯。”这句话常常不可避免地为他俩的谈话画上句号。

有一次，一队苏联科学家满怀崇拜之情来到剑桥，为了拜访这位著名的控制论之父。有人建议拍一张集体照，于是，诺伯特和那20来个崇拜他的人来到了校园美丽的圆顶 10 号建筑前，站成一排。这些崇拜他的人都是些面无表情的人。“你能说些什么话让他们放松一下吗？”照相师问诺伯特。诺伯特想了一会儿，突然高兴了起来，然后他用俄语问这些参观者：“最近，苏联人是如何谈论我的作品的呢？”

我搬去索萨利托的时候没有工作，但我也没有过于担心，因为辛辛那提大学给我的离职费用足够我支撑一阵子。后来，维尔纳·埃哈德给我打了个电话，问我是否愿意为他和他的机构做一些咨询工作。那时，埃哈德成立了一个研讨会培训班，非常具有争议性。他正处在职业生涯的关键时期。参加埃哈德研讨会的人数以万计，他们都嘲讽埃哈德的研讨会存在欺负参与者、禁令上厕所的现象。于是，维尔纳越发意识到，他要想在未来有个成功的事业，就必须创立一个更加主流的项目，而且这个项目要能吸引公司和其他机构。我的猜想是，他选择的这一新方向至少从某些方面反映出他的一种信念，那就是比起个人，他更能从企业客户那里赚到更多的钱。他的这一想法具有一定的合理性。不过我们都不曾明说这一点。结果，维尔纳于 1985 年实施了一个全新的项目，叫作论坛，这个项目更有利于商业的运作。很显然，维尔纳找到我是因为我曾经研究过组织机构和组织动态，而且和国家训练实验室也存在着一定的联系。

虽然我知道埃哈德研讨会存在着一定的强制性，但是一些杰出人士却对此很有热情。（道格·恩格尔巴特和斯坦福研究院的同事也举办过这种类型的研讨会。）我的一个多年的朋友琼·哥德史密斯就是其中一个，在 1979 年的春天，她替我报名参加了一个在伦敦举办的埃哈德研讨会。这个机构用到的技巧和意识形态是协调统一的。维尔纳借鉴了格式塔心理学、交心心理治疗小组、科学论派、禅宗佛教、强制性说服研究和他从印度学到的观念想法等等。维尔纳和那些接受过他培训的人通常都会参照他们机构的一本大书，以一种闪光灯式不连贯的方式在参与者面前进行演讲。在伦敦的那次埃哈德研讨会上（不是由维尔纳主持的），我们给曾经被我们伤害过的人写了信，还做了其他一些配套练习，有一些还要求我们搁置不信任感。研讨会主持人要求我们闭上眼睛，想象我们的身体成了玻璃容器，然后设想这个容器慢慢被填满——被智慧还是被洞察力填满？我不记得了。但我记得我想象着我的玻璃容器渐渐地被装满橘子汁。不过我仍在想，如果我的玻璃容器出现了裂缝，有谁会去擦干旅店会议室的地板呢？

克莱尔和我一起报名参加了这个研讨会。研讨会的规则是，所有人都不得离开训练室，直到每一个参与者都知道这次训练的意义所在。虽然克莱尔的内心早就知道这次训练的含义和目的，但她还是坐在后面坚持了数小时。尽管其他人都因为膀胱涨得满满的而愤怒不已，可是克莱尔就是不愿说出她的感受，因为她觉得这种训练完全令人摸不着头脑。她的这点品质是值得钦佩的。

我既参与了这次培训，又故意和众人保持了一定的距离，从远处观看整个过程。参与者们加入这次培训似乎都有各自的理由。我觉得一小部分人参加此次培训是因为他们确实从某种程度上感到了不安或受到了伤害。一些人对他们的生活感到不满，于是想找寻更好的出路；一些人则习惯了不断探求，他们总是想寻找最新形式的启蒙，或者追寻生活的意义；还有一些人希望感受马斯洛夫式的高峰体验；另一些人则仅仅是出于好奇，就像我一样。不管大家各自追求的是什么，那些愿意花一大笔钱报名参加培训的人都想得到相应的回报。

不管是曾经还是现在的维尔纳都是如此迷人。1979 年，他处在了权力的高峰，那时他的税收问题和个人问题还没有出现。他是一个宽宏大量的人，相当有风度，也很英俊——我俩都认识的一个朋友甚至执意坚持说维尔纳做过眼部整容手术。维尔纳因为埃哈德研讨会得了恶名，似乎每个人都知道他出生的时候叫约翰·罗森堡，曾经当过二手车销售员，也没有接受过太多正规的高等教育，但是他却是个自学成才的人。我是在旧金山认识维尔纳的，他给我留下了很深刻的印象。他知道很多理论物理方面的知识，这可能是因为他和很多著名的思想家是好友有关，其中包括诺贝尔奖得主理查德·费曼和默里·盖尔曼。（维尔纳这个新名字取自于德国物理学家维尔纳·海森堡。）

维尔纳雇用我之后，让我从内部对埃哈德研讨会文化进行一次人类学的研究，他还把我介绍给了来自全球各地的700名职工。这些员工都把他的研讨会称为“训练”。有时候，在观察他“训练”时，我会打断他，“维尔纳，你讲得太快了。我没办法吸收所有的想法。”于是他把所有课程都录了下来，这样，我就可以不断复习，在向他的机构做最后呈现时也可以运用其中的一些片段。

我俩成了好朋友。当时电影摄制正处于黄金时期，我们有时会一起看一部电影，然后花一个小时仔细分析这部电影，或者结合当前形势进行讨论。维尔纳在旧金山歌剧院里有个包厢，他偶尔会邀请我加入，他还会让司机开着豪华轿车来接我。我和其他一些严厉的批评者不一样，我不觉得维尔纳是个危险分子。在我眼里，他很聪明、怪异、具有商业天赋，而且控制欲也很强。维尔纳有一座漂亮的四层楼的联排别墅，位于旧金山的富兰克林街。有一天，我去他家吃饭。那是个温和的晴天，饭桌设在他家草木繁茂的没有围墙的花园里。当我们在交流的时候，一个接一个菜肴从屋内端了出来。首先是一道精致的奶油浓汤，然后是一道威尼斯款的开胃菜，拌有烤蔬菜、腌制肉类、芝士和橄榄。我们一边吃着这道开胃菜，一边喝着冰咖啡。接着是一道提神冰糕。整桌饭菜有一点不寻常的地方让我颇感震惊。“维尔纳，”我说，“饭菜很美味。但是我刚刚发现，所有食物都是冷的。”“是的，沃伦。”他说，“我不喜欢热的食物，尤其是吃午饭的时候。因为热的食物掌握了你吃饭节奏的快慢。食物会控制你，而你却控制不了它，你必须在食物变冷之前把它吃完。”

对于埃哈德研讨会的分析，我相当认真，而且花了将近一年的时间。我问过职工很多问题，其中有一个问题是这样的，我让他们把埃哈德研讨会想象成一个人，如果要将这样一个人描述给漫画家的话，他们将怎样进行描述。我制作了一部电影，作为年终汇报的一部分。受到了埃哈德研讨会的启示，我们制作了一系列卡通片，并且为之配上了《粉红豹》的主题音乐。从某种程度上说，那个年终报告是我做过的最具创造性的演讲。我说过，我不觉得维尔纳是个危险分子，但是很多接受维尔纳领导角色培训的人都被他抢去了风头，甚至有点受到了恐吓的感觉，这让我感到一丝担心。我担心的是，不管维尔纳是有意还是无意，他培训出来的很多人都成了他的信徒和模仿者，而并没有真正找到属于他们自己的领导者因素。

这就是我最后所要呈现的报告主题。但我的说法很拐弯抹角，就像斯大林时代小说中的政治批判一样。为了这次最后的总结演讲，我很认真地穿了一套运动装，并打了个领带——就像去氛围随意的加利福尼亚州却穿上晚礼服一样。一开始，我谈论了角色转变在提升领导力时的重要性。“很多时候，”我说，“富有魅力的领导人培训出来的人只不过是克隆人而已。不过，你一次又一次地告诉我这样的事不可能发生在你身上。你告诉我在你的职业生涯中，你总是处于掌控地位，而不是维尔纳。”这次报告具有极强的讽刺意味，职员们很快就明白了其中的讽刺意味，大笑了起来。我一边继续说着，一边松开了领带，解开了衬衫。我在里面穿着一套光滑的连体裤，这是维尔纳、保罗·纽曼及其他一些人赛车时穿的衣服。（为了我的这个演讲，我俩的一个朋友暗地里从维尔纳的衣柜里把这件衣服拿了出来。）“维尔纳并不专制。”我继续说道，一边脱掉我的外套。“他并不认为自己是万事的本源，也没有最后的决定权。埃哈德研讨会不是一个祭礼，维尔纳也并不想控制你们。他给了你们空间，让你们作自己的决定。”当我继续就维尔纳的领导进行分析的时候，笑声变得更大了。“维尔纳最想看到的是，你们每一个人都做自己，都是独立自主的个体。”当我说完最后一个字的时候，所有员工也能看到我的整件连体裤了。正在那个时候，我戴上了藏在我身后的赛车头盔，把遮阳板拉下来挡住我的眼睛。听众们欢呼雀跃起来，并一致表示赞成。

后来，我们一群人在市里吃饭。维尔纳感谢我做了那次演讲，他显得一反常态的平和。即便他很生我的气，但是很多年来，他都不曾表现出来过，也不曾提起过。相反地，我们在饭桌上谈论了追求改变的重要性和难度。维尔纳在研讨会上总是显得很严厉，但是那天，他却表现得收放自如。

在索萨利托的一年很快就过去了。旧金山湾区非常美丽，美到让我觉得我的感官即将超负荷了。味觉是我探求的感官享受之一。北加利福尼亚州在美食上远远领先于美国其他地方，就好像在经历美食复兴一样。最难预订的餐厅是位于伯克利的潘尼斯之家，因为爱丽丝·华特斯在菜肴里加入了当地生产的时令调料，现在这种调料已经受到了广泛的应用。杰克·谢尔顿制作了一份很受欢迎的餐厅时事通讯报，将订阅者带到了旧金山湾区最好的餐厅里，比如说北京烤鸭。我的一些朋友将谢尔顿的推荐收录在扣眼活页夹里，每次都要先翻看一下，否则他们是不会和别人约会吃饭的。那一年，我爱上了墨西哥食物、寿司、上等的加利福尼亚红酒、雷斯岬牡蛎和软体动物中的皇后——鲍鱼。

在北加利福尼亚州，扩宽自己的意识领域是个流行趋势。我尝试过几乎每一件带有新世纪特色的、反主流文化的事情。威尔·舒茨的前妻向我介绍了通灵。一个占星家来到了我的船屋上，为我画了一幅图。一个营养学家则为我设计了与轮穴相匹配的饮食计划。我就像个东奔西跑的孟诺教派小青年，在决定是否接受承担成人的职责前，屈服于所有世俗的或非世俗的诱惑。很多次，我驾车行驶在滨海 1 号公路，一路向南前往大苏尔的伊莎兰。通常，我会停在忘忧草餐厅，不是为了吃饭，而是为了欣赏风景。即便没有灰鲸在太平洋中翻越，我也感到无比激动。伊莎兰于 20 世纪 60 年代早期，由作家迈克尔·墨菲和他的朋友理查德·普莱斯创立。据早期的宣传册记载，伊莎兰是“探索行为科学、宗教哲学发展趋向的中心，它强调人类生存的潜力与价值。”在 1979—1980 年间，伊莎兰的建筑很端庄，也很淳朴。迈克·墨菲家建造的小旅馆和度假小屋的遗迹仍然在那儿。但伊莎兰最吸引人的还是它有一处供游人洗澡的好去处，这个地方位于海洋上方的一座悬崖顶端，是个巨大的露天浴缸。当地的硫黄温泉为这个天然浴缸提供了热水。让我感到意外的是，伊莎兰总是能在唤醒你的感官之后再举行研讨会。如果当你到达伊莎兰的时候，你的感官还没有完全被唤醒，那么这时你需要的不是研讨会，而是一次复苏。

在 20 世纪 60 年代的伊莎兰，我的朋友威尔·舒茨是名主将。杰弗里·科瑞普在 2007 年写了一本很好看的书，名叫《伊莎兰：美国和没有信仰的宗教》(*Esalen: America and the Religion of No Religion*)。通过这本书，我知道了更多有关威尔和弗里茨·波尔斯之间的权力斗争。格式塔治疗师波尔斯可谓臭名远扬，因为他把那些在伊莎兰加入他小组中的成员都推到了一个“尴尬的局面”。他先找到一个志愿者，然后毫无情面甚至残酷无情地揭露和调查他或她的弱点。迈克·墨菲邀请威尔到伊莎兰，领导他所谓的“开放式交心治疗”小组。迈克告诉威尔他不会拿到工资，但是可以选择一个他想要的头衔。威尔选择了“伊莎兰君主”这一称号，这显然冒犯了当时在位的“君主”弗里茨。威尔于 2002 年去世。他是个富有创造性和激情的人，在加州大学洛杉矶分校获得了心理学的博士学位。他在小组动态方面也开展了重要的工作。美国海军研究办公室允许他发明一个测量仪器，目的是为了找出谁更适合在狭小的潜水艇里生活和工作。在基本人际关系取向方面，威尔也得出了一些理论，他提倡从三个方面评估志同道合的小组成员：包容、控制和情感（最后一项后来改成直率）。他的人际关系取向问卷一直被广泛采用。但是，威尔有点放荡不羁，有时候甚至会过分到冒犯他人，包括他的员工。他也曾经领导过稳重的训练小组，但他在伊莎兰的交心心理治疗小组则是训练小组的限制级版本。在他的交心心理治疗小组中，一些不忠实的丈夫或妻子总会以裸体的形式定期进行忏悔，这让他们原本就受到委屈的配偶泪流不止。和弗里茨一样，威尔有时候也会很卑劣。在天堂权力的这场大男子主义争夺中，波尔斯最终胜利了。在波尔斯去世后，威尔继续生活了好多年。当我在索萨利托的时候，我俩经常见面。他家位于绝美的缪尔海滩上，有时候我会在那里见到他。

威尔的著作《欢乐：扩大人类的认识》（*Joy*：*Expanding Human Awareness*）是 1967 年的畅销书。那时候，没有人知道人类的潜能运动是否会改变整个世界，还是仅仅让人们变得像放了假的大学男孩儿一样。威尔有时候会拥护一些很可怕的想法。在他的一些作品中，威尔提出了一种极端形态的代理。他声称人们能控制发生的一切事情，包括选择他们自己的父母。他甚至还坚持认为，那些受到性侵犯的人是主动选择被强奸的。我记得 1984 年在科德角的时候，我试着让他知道他的说法是很冒犯无礼的，可是没有取得成功。但我的女儿凯特却最终让他哑口无言。不过至于凯特是否真的改变了他的想法，这我就无从知晓了。凯特当时 20 岁，是卫斯理学院的一名学生。她只是轻声地问了他一个很简单的问题："威尔，那你是自己选择了秃顶吗？"

回到我在温莎城堡康复的那段时期，吉姆·奥图尔问过我是否愿意考虑一下加入南加利福尼亚大学的教职员工团队。1973 年，我第一次在阿斯彭研究所见到了吉姆。当时，在他所著的开创性书籍《在美工作》(*Work in America*)的基础上，吉姆正在组织一个研讨会。在南加利福尼亚大学的时候，吉姆既是一个罗兹学者，又是一个田径明星。作为一个作家，他很有洞察力，文笔也很优雅，引用和参考相当广泛。他还对亚里士多德充满了无限的热情。我感兴趣的工作场所是那种能培养员工的工作场所，而不是那种渐渐阻碍员工发展的工作场所。不幸的是，很多地方都存在着后者的情况。吉姆和我在这方面有着共同的认识。耶鲁大学新的管理学校向我提供了一个教授职位，不过到南加利福尼亚大学教书这一前景更能吸引我。我还记得托马斯·曼恩在《布登勃洛克一家》(*Buddenbrooks*)中说过一句话："欧洲完成了、结束了。"我很喜欢曼这种说法的模糊性，一方面，这句话暗示出欧洲正在走下坡路；另一方面，欧洲的文化却得到了完善，变得完整。我在美国东部的学术中心花了好几十年，但现在却越来越向往加利福尼亚——更加原生态，更少受到修饰。从某种程度上说，这里和亚洲有着千丝万缕的联系，这一点却是美国东部不曾有的。而且加利福尼亚总是充满着活力，正在不断发展和兴起。

南加州大学马歇尔商学院的院长是杰克·斯蒂尔，他是得克萨斯人，有一种与众不同的冠军气质。有时候，杰克会突然跳到他安装在办公室里的机械车座上，征服这匹人造的野马，这让一些求职者都感到非常震惊。当我们在 1980 年 6 月份见面的时候，他没有骑在这匹马上。他很明确地告诉我，我就是他需要的人。杰克用他对未来的展望向我抛出了橄榄枝。他录用一个又一个人，目的是为了给这所在当地颇具有影响力的学校赢得全国乃至全世界的声誉。他提供的薪金和额外津贴足以让南加利福尼亚大学和最大的大学相媲美。但对于我而言，南加利福尼亚大学最吸引我的地方是，我可以和吉姆，以及很多有才能的教师、学生一起工作，所以我答应了他。

但是，到了 20 世纪 80 年代中期，当我的上任日期渐渐逼近时，我突然意识到我不想放弃目前那种享乐主义的生活。在这里，我每天都可以眺望一下金门大桥，可是洛杉矶有什么值得让我放弃这一享受的呢？从洛杉矶开车前往大苏尔要多久呢？洛杉矶的餐厅会提供鲍鱼吗？所以我打了个电话给杰克·斯蒂尔。我告诉他我决定保留海湾处的住所，我情愿每天赶去洛杉矶也不想搬过去。我会在洛杉矶找到一个临时住处，每周去学校三天。这个计划对我来说很完美。“杰克，”我说道，“即便我是通勤上班，我还是敢打赌，你见到我的频率比见到其他教师的频率要高得多。”对于我建议的这个安排，我很肯定杰克能理解其中的逻辑。即便他没有理解，出于他想要雇用我的迫切心情，我说什么他都会同意的。但我错了。“不行，你这讨厌的家伙！”杰克大声吼道。

因此，8 月中旬，我打包了我的行李，依依不舍地将船屋钥匙还给了房东，然后赶到奥克兰坐飞机前往洛杉矶。搬到洛杉矶并在南加利福尼亚大学任职之后，我即将步入人生的新时期，这个时期无论是从个人生活角度，还是从职业生涯角度都让我感到满意。但离开索萨利托的那一瞬间，我感到的只有失落。就像亚当一样，我被驱逐出了伊甸园。我不能再涉足水中，不能再自我放纵，不能再爬塔姆山，更不能随时去潘尼斯之家。当我透过飞机的窗户往外看时，我意识到我不仅仅是在步入人生的一个新阶段，我是在飞回成人的世界。

我那东奔西跑的日子正式结束了。

第八章 归属感

在过去的 30 年里，我一直执教于南加利福尼亚大学。这其中的 18 年，我的现任妻子格瑞丝一直陪伴在我身边。格瑞丝·加布就是那个长得像艾娃·加德纳的医学院学生，她很漂亮，我们于 1957 年在波士顿相识。那个时候，格瑞丝和我坠入了爱河，最终搬到了一起。这在当时是不常见的，而且这一安排有时还显得性急。格瑞丝一如既往地富有才能——能成为波士顿贝斯以色列医院外科住院医生的女学生相当少，她就是其中一个。她还很有学问和修养，和她在一起让我感到很兴奋。年轻时，我们共有的一个特征就是都具有极强的抱负。我尝试着成为一个真正的变革代言人，与此同时，我也想获得麻省理工学院的终身职位；她则下决心打破医学界对女性的性别歧视，成为一名外科医生。但我们也不是每时每刻都在奋斗。我们去波士顿观看每一部日本电影，在星期五晚上举办热闹拥挤的派对，我们准备了一玻璃鱼缸的潘趣酒，并且在高保真音响设备上播放爵士乐。我们爱这种生活爱得晕头晕脑，有时候甚至跳着舞，从一个房间跳到另一个房间，跳遍整个屋子。

最后，我们决定结婚。我在宝格丽买了一个精致的黄白金婚戒，并在戒指上刻上了“Memento Amori”（记得去爱）。但是，当婚期临近时，我却产生了疑惑。我们没有争吵，但是我却变得越来越沉默，而且说话越来越简短。现如今的情侣如果遇到类似的情况，他们很有可能会一起去寻求指导和建议，但我们谁也没有这样做。相反地，我向分析师说出了自己的困惑。克里格曼医生对我和格瑞丝的关系一无所知，他只知道我告诉他的这些信息，因此他认为我的犹豫不决源于我和格瑞丝之间不同需求的矛盾。他的建议是"你得先考虑你自己"。我说这些其实是为了解释为什么在举行婚礼的三天前，我给身在波士顿大学医院的格瑞丝发了一封电报，结束了我们之间的关系。发这封电报是极其愚蠢和残忍的，直到今天我仍然后悔不已，但我不知道还能做什么。我知道如果当面提出分手的话，我是不可能离开格瑞丝的。后来她搬出去了，我则暂时和朋友一起住。没过多久，我去了瑞士，在国际经济管理与发展学院任教。

30 年后的 1990 年，我计划于冬天飞往华盛顿，在一场由《商业周刊》(*Business Week*)资助的领导力论坛上发表演讲。这几十年来，我经常望眼欲穿地想起格瑞丝，充满爱意却又无限悔恨。我们有很多共同的朋友，因此我了解到她成了一名精神病医师，并且在华盛顿发展得很好。我俩的私生活都很复杂。我不久后就将和玛丽·简·奥唐纳分开，她是一名电视台记者，我们的婚姻维持了不到三年。我听说格瑞丝和一名医师同事结了婚，但这名医师却得了精神错乱，不幸去世了，留下她和两个年幼的女儿——尼娜和伊登。几十年不曾联系之后，我给格瑞丝寄了一个便条："能和我在 10 月 13 日共进午餐吗？你的沃伦。"

我完全能理解格瑞丝在收到那封分手电报和 30 年后那张便条后的心情，《今日心理学》(*Psychology Today*)的读者应该也能理解，因为格瑞丝发表了一篇文章，既感人又坦白地描写了我们在 1993 年的重聚。当收到那封分手电报的时候，她正穿着外科医生的绿色制服。她读完以后立马就将它撕碎了。在我提出分手之前，她一直担心我们之间会发生可怕的事情，因为那时我对她“冷酷无情，铁石心肠”。她写道，关于这次背叛，最令她感到难过的是我一年后就结婚了，这清晰地向她说明，抛弃她的不是婚姻习俗而是我本人。“被抛弃了之后，”她写道，“我受到了永久的伤害。”看着她的心情以白纸黑字的形式表达出来，我的心都碎了。

关于我的邀请，格瑞丝考虑了几天后接受了，但是她不知道我的动机是什么。我是想通过这个女人回忆我的人生吗？我是在寻求她的赦免吗？我们约在我的酒店房间见面。当我开门的那一刹那，我们都惊讶于看到了对方的白发。格瑞丝比我年轻，她仍然很漂亮、很优雅。这一次重聚有点尴尬。我们点了培根、生菜、番茄三明治，但是几乎没有动过，因为我们一直在向对方讲述自己忙碌的生活。让我感到委屈的是，格瑞丝看上去急着要离开。我们的重聚进展得相当不顺利，这让我感到很沮丧。当她匆匆离去的时候，我深深地叹了口气。

显然，格瑞丝对这声叹息的解读是，这个她曾经深爱过的男人还在。几天后，她给我写了一个便条，建议我们俩保持联系，但是我没有收到这个便条。当我从华盛顿回到洛杉矶的时候，我就住进了医院接受癌症治疗手术。在小说里，便条丢失之后就会发生一些坏的事情（想想当朱丽叶没有收到罗密欧的信时发生了什么）。幸运的是，格瑞丝分析能力很强，她合理并正确地意识到，我之所以没有回复，肯定是因为某些原因，她的信件没有寄送到我手里。她又写了一封信，这次我收到了并给了她回复。不久后，我们开始修复被我打破的关系，或者更准确地说，现在的我们正在营建更棒、更新的关系。我们活跃在大西洋和太平洋的东西海岸，只要一有可能，我们就去看望彼此。

从某种程度上说，格瑞丝能原谅我，这仍然让我感到惊奇。几个月后，我们都清楚地意识到，在剩下来的几年里，我们俩都想在一起。我提出如果她想的话，我可以离开南加利福尼亚大学，定居在华盛顿。但格瑞丝却表现得相当慷慨，她选择放弃她的工作，离开她的朋友，来到西部和我在一起。回到南加利福尼亚大学的几年后，我在圣塔莫妮卡的沙滩上买了一栋公寓。1992 年 4 月，格瑞丝搬到了我的这栋公寓里。她重新改造了厨房，并且在屋子里摆满了兰花。1992 年 11 月 29 日，我和这位我的永恒爱人结婚了。我们的好朋友唐和玛丽琳·格威尔茨住在蒙特西托，就是在他们家那座郁郁葱葱的花园里，我们举行了结婚典礼。从这座花园里，我们还可以眺望到太平洋。我们长期以来的好朋友拉比·乌瑞·赫谢尔主持了婚礼，他的妻子麦娜在一旁观看。我第一次遵从了犹太礼节，高高兴兴地将一只玻璃杯砸碎在脚下。

朋友们都开我玩笑，说每一个过了 60 岁的人都应该像我一样娶一个医生。但我总觉得，如果我们在年轻时候结了婚，我们的婚姻未必能像现在这么好。我们的生活既有心酸，又有甜蜜，因为我们都活了一大把年纪，知道生命是多么的脆弱、多么的难以预测。我们对时间也有独特的理解，年轻人是体会不到的。时间是有限的，因此我们把每一个美好的时光都变得更加宝贵。我们也不再像从前那样雄心勃勃，奋斗不已。在人生的这个阶段，我们会做计划（格瑞丝尤其如此），但是我们也活在当下。

我们不像其他夫妻一样会消失在彼此的视线中，我们有各自的兴趣爱好。格瑞丝的激情在于小提琴。她一来到南加利福尼亚大学就开始跟随美国最抢手的小提琴教师欧迪斯·夏皮罗学习。退休通常也是一项考验，而格瑞丝则将她自己的退休生活过得丰富多彩。她每天都练习拉小提琴，她总是比任何一个人先知道曼氏布克奖的最新得主，她还认真学习了艺术和佛教。为了保持轻盈柔软的体态和健康的体魄，她坚持游泳，还会做强烈的水中有氧运动。她非常爱尼娜和伊登、她的 4 个孙女以及她的朋友们。她还酷爱旅行。过去的时候，我们一起旅行（在家那会儿，我们每天早晨都会沿着沙滩跑步），但现在因为我不能坐飞机，所以格瑞丝经常独自一人或和几个朋友一起出游。她对新生活的要求和对之前的职业生涯一样高，而且充满斗志，不同的是，她现在是在和自己竞赛。她最近刚从维也纳回来，去那里参加了一个为期一周的大师讲堂，这个讲堂由曼哈顿音乐学院主持，专门为业余弦乐器演奏者开设。在曼哈顿四重奏和其他教师的严厉监督下，48 个学生每天都要弹奏四到五个小时。他们只演奏一个曲子，那就是舒伯特的《死神与少女》。每天，学生们在四重奏中都要变换不同的角色。格瑞丝通常是第二小提琴手，但是为了这个讲座，她还得学着担任第一小提琴手。当离讲座的举行还有 6 个月时，格瑞丝每天都在家里练习《死神与少女》的第一小提琴和第二小提琴部分。当她从奥地利回来的时候，她脸上凯旋的表情就像攀登了埃格尔峰一样。

我们最美好的时光通常是在一起的。我们一起去音乐会和歌剧院，享受当地丰富的艺术品种。在美国，洛杉矶可能是最佳的看电影去处，只要能引起我们兴趣的电影，我们都会去观看。格瑞丝会在家里为朋友和家人精心准备可爱的晚宴，有时候做她最拿手的意大利调味饭或中式小虾。至于我的健康问题，格瑞丝在遇到一些她自己也没有碰到过的挑战时，就会显得很英勇。我最严重的健康问题就是于 1994 年患上的心律不齐。起先，我只是吃一些药，这些药带有使人衰弱的副作用。尽管我强烈反对，格瑞丝还是极富耐心却又冷酷到底地坚持认为，只要戴上植入式心脏除颤器，我的情况就会好转。我不想再经历一次外科器械手术，于是拖了两年。她最终还是说服我咨询 P. K. 沙阿——锡达斯 · 西奈医院心脏病学极富传奇色彩的主任。和格瑞丝一样，沙阿建议我植入心脏除颤器，他还向我推荐了好撒玛利亚人医院心脏病学的主任大卫·卡农医生，让他监督整个过程。除颤器由美敦力公司生产，比一张牌还要小，现在就在我的锁骨下面。在一些场合下，我会突发心室性心搏过速，这个除颤器就会通过震动我的心进行调整。有一次还让我跌倒在地，但最终拯救了我的生命。虽然植入这个除颤器是一个很不愉快的经历，但是我真的很感激它。

格瑞丝没有我冲动，她比较实际，更专注于结果，保护欲很强。如果没有她的警觉、支持和关爱，我的生活将不可能像现在这样充实、多产、喜悦。当一个人不断衰老的时候，作出决定的好坏就直接意味着生死。格瑞丝是我最重要、最可靠的参谋，她总是心甘情愿地帮我整理可选行动方案，并找出最佳的一个。格瑞丝重新回到了我的生活，这是天意。她将我的过去和现在紧密结合在了一起，为此，我将永远珍惜她。

在来到南加利福尼亚大学之前，我从拉尔夫·科贝特基金会那里获得了 10 万美元的资金赞助，我可以自己选择如何利用这笔钱。我决定用这些钱做研究，写一本关于领导力的书。1980 年的南加利福尼亚州和我在青少年时期见到的南加利福尼亚州完全不同。这个地区已经发生了改变，我也是。55 岁的我对自己是谁、想要做什么有了更好的了解。以道格·麦格雷戈为榜样，我领导过一个主流学术机构。尽管我成功地帮助辛辛那提大学成为州立大学，但我还是发现自己渴望的是一种完全不同的生活。在南加州大学，我不用再担心任何人的“尿湿婴儿”，自有管理者和其他员工会处理这类事。院长杰克·斯蒂尔领导着蒸蒸日上的马歇尔商学院，作为他的管理系教授，我有足够的时间去思考、写作、教书和交流。最重要的是，我有时间再塑造自己。

当我在南加利福尼亚大学安顿下来的时候，我开始意识到，我的作品中总是重复出现一些特定的主题——领导力的性质、创造性合作的重要性、组织机构和其他团队如何运作、如何影响变革、定期重塑自我的必要性和如何创造直率文化。为了写书，我决定采访一些这个领域的领导者，这也能让我了解到当地的权力结构。不过采访领导者这项工作在这个具有 800 万人口的多样化大都市里实属不易。但写书工程让我有机会和全国的领导者相处，有时候能和他们待上一整天的时间，询问一些关于领导方式的问题，我还将他们的回答录了下来。

我采访了 90 个左右的领导者，三分之二的受访人是大公司的领导人，其余的都是成功的企业家。我把这些采访记录都收录在了《领导者：领导的策略》（*Leaders*：*Strategies for Taking Change*）中，这本书的合著者是伯特·那纽斯。这些受访人中有强生的最高执行官詹姆斯·伯克，他在 1982 年以灵巧的手法处理了“泰诺”危机，让人记忆犹新；另外还包括《华盛顿邮报》（*Washington Post*）的出版人凯瑟琳·格雷厄姆，城市联盟的队长弗农·乔丹，时装设计师兼企业家利兹·克莱本。很多采访最终都给我带来了真挚的友谊，那些被我采访的人也都会为我推荐其他的领导人。

在撰写或和其他作者共同撰写书籍的过程中，我发现每一本书都给我上了重要的一课。《领导者》帮我发展了报道的能力——尤其是辨别详尽轶事和精辟言论的能力。在我和弗兰克·戴尔交谈的过程中，我总是忍不住笑出声来。在经过一场长期的、暴力的罢工之后，戴尔当上了《洛杉矶先驱考察报》（*Los Angeles Herald-Examiner*）的出版人，这份报纸在当时可谓麻烦缠身。戴尔有一个天赋，他能够通过暗喻动员他的员工，以清晰生动的方式向员工传达机构的任务。他加入这个报纸团队不久后就开始运用太空竞争意象，鼓励他的员工和歌利亚巨人般的对手《洛杉矶时报》竞争。新闻编辑部的一些迹象表明，《洛杉矶先驱考察报》正在冉冉起飞，赶超《洛杉矶时报》。戴尔害怕职工们忘记这一信息，于是在他办公室座椅上安装了一个飞机座椅式的安全带，他每次坐到这个座椅上都不忘扣住这条安全带。有些被访者的坦率甚至让我惊愕。当我问一个企业家为什么他要在各个城市设置办公室的时候，他实话实说道：“我在那儿有情人。”

对于吸引他人的技巧和特质，我采访的大多数领导人都有敏锐而又细致入微的洞察力。吉姆·洛兹—— 一位富有远见的开发人员，他正努力创建一个现代化的乌托邦式社区——他设计的第一个城镇是位于马里兰州的哥伦比亚，他告诉我当建筑师们递交了令他失望的住宅设计时，他是如何采取相应措施的。一开始，洛兹想缠着他们，让他们将工作做得更加出色。当这个方法失败之后，洛兹没有大声抱怨，反而采取了一个极具领导能力的措施。他花了很大的代价，派遣这些建筑师们到各国旅行，并且让他们在房屋住宅设计精良的斯堪的纳维亚和日本驻足停留，学习那些在他眼里最棒的住宅风格。经过让这些建筑师们欣赏他欣赏过的住宅设计，洛兹最终得到了他想要的创新设计。

有些采访因为奇特所以非常吸引人。当我采访发明家比尔·穆格——罗伯特·穆格的侄子时，他因合成器而享有盛誉 ——对于我提出的很多问题，他都回以持久的沉默。我问他，在他那蒸蒸日上的飞机零件公司，他近乎一字不说的沉默是否会给雇员带来问题。他说没有。“有时候我们之间完全没有交流，”他承认道，“在我们有任何交流之前，可能六个月已经过去了。”他反而说，他的员工都知道并理解他的“方式”。为了指引他的员工，穆格有时会画一些草图分发出去，或者做几个模型供大家传阅。显然，穆格确实会和他的员工进行交流，只不过交流的方式非常另类。穆格和戈尔特斯牌的创始人比尔·戈尔都让我对企业家永不倦怠的灵魂有了些许了解。戈尔放弃了杜邦公司一份非常出色的工作而选择自己创业。他研发了一种非常出色的物质，但杜邦公司这一化工巨头却没能看到其中的潜力。比起一片混沌，企业家更受不了无聊。当事情变得太稳定时，他们就会焦虑不安。他们宁愿放弃熟悉的环境，尝试一些冒险的事。戈尔在组织公司的时候就像在实验室里一样富有创造力。他的公司从来不会一次雇用超过 250 个人。戈尔想让他的公司成为一个真正的群体，而他认为大一点的团体是做不到这点的。

采访全部完成之后，伯特和我花了好几个月的时间研究这些采访。我们观察数据内的模式，试着找出成功领导者共有的特质和采取的策略。我们最没预料到、也是最没用的一项发现是：几乎每一位受采访的领导者都和他或她的原配生活在一起。

能和哈里雅特·鲁宾一起共事，伯特和我都感到很幸运。当时鲁宾是哈珀与罗出版社的一名编辑，他很有才华，精力旺盛，并且成功促成了很多畅销书，如彼得·圣吉关于学习型组织的畅销书《第五项修炼》(*The Fifth Discipline*)，以及特伦斯·迪尔和艾伦·肯尼迪的《企业文化》(*Corporate Culture*)。

《领导者》关注各色各样不同的领导，因此和当时出版的商务书籍都不一样。通常来说，对领导力感到好奇的人会参考罗斯福、丘吉尔和其他偶像人物的伟大传记，但伯特和我则有其他一些想法——我们想以纵向研究的方式帮助读者发展他们自己的领导能力。我们试着归纳那些让一个人成为领导者的特定品质和行为，其中最关键的特征包括同情、尊重和洞察力。我把这些能力称为情感智慧。令我们感到开心的是，这本书自 1985 年出版以来，受到了广泛的好评并且销量一直很好。这本书出版后不久，媒体就开始打电话给我，让我评论一些政治领导人或商业领导人的过失，我也很快学会了如何作出简短生动的评价——最有可能被出版或经由各种媒介传播出去的评论。

我很幸运再次在合适的时间、合适的领域找到了合适的位置。20 世纪 50 年代末以前，商业学校仍然是高等教育那满头红发的继子。在人们眼中，商业学校就是职业学校，没有学术上的严谨度或完整性。但是在 1959 年，两份主要的报告改变了这种现状。福特基金会的戈登 / 豪威尔报告和卡耐基基金会的皮尔逊报告都要求对商业学校的课程设置进行大刀阔斧的改革，他们不强调实践经验，而重视系统化、科学化的学习。更为重要的是，这两个基金会都提供了大量资金，为商业学校雇用更强的师资力量、带来更多的学术分量提供支持。在这两份具有深远影响的报告发表之后，管理学校开始在著名的卡耐基—梅隆大学、斯坦福大学和加州大学洛杉矶分校诞生或复苏起来。麻省理工学院把工业管理部门改名为斯隆管理学院。同年，我在麻省理工学院领导了一个委员会，在与管理相关的领域中设计了第一个博士项目，这在当时是绝无仅有的。在接下来的几年里，工商管理学位和其他最好的管理学校提供的博士学位一样，变成了让人梦寐以求的学位，越来越受人尊重并热门抢手。随着管理教育的社会地位日渐提高，那些讨论管理方向的专业学者的书籍也受到了市场的热捧。另一个引起大众对这一领域兴趣的因素是美国商业的一次危机。在 20 世纪 70 年代末和 80 年代，美国企业自第二次世界大战以来第一次感到被日本和德国的经济竞争所包围。汤姆 · 彼得斯告诉我，正是由于这种恐惧感，他和鲍伯 · 沃特曼在 1982 年出版的《追求卓越》(*In Search of Excellence*) 才会取得巨大的成功。

我自始至终都知道领导力的重要性，它决定了我们生活的质量。在生活中的每一个领域，我们都需要并都在寻找诚实、有能力的领导者——政府部门、工作场合、社会机构及学校。我们都是社会动物，我们的同胞需要领导者。不论领导者是好是坏，他们都将塑造我们的命运。我发现很多人都在追求领导能力，不管他们目前充当着什么角色，所以我决定就这一主题再写一本书。但这次，我想研究一个更为多样化的领导者团队，并且独立撰写这本书，而不和其他人合著。权威的领导人无论身处什么机构，都会提升这个机构的影响力，因此在这本书中，我打算收录社会创新者、文化领导者、商业领导者和政治领导者的一些资料。我再次开始采访之旅，采访的对象包括贝蒂·弗里丹，她是全国妇女组织的创始人、经典著作《女性迷思》（*The Feminine Mystique*）的作者，也是我在南加利福尼亚大学的朋友和同事；西德尼·波拉克，他是著名的导演、制片人和演员，制作过很多电影，包括奥斯卡获奖电影《窈窕淑男》和《走出非洲》；约翰·斯卡利，百事可乐公司的前任最高执行官，有一段时间他还在苹果公司顶替了史蒂夫·乔布斯的职位；还有女权主义者兼作家格洛莉亚·史坦能和克里夫顿·沃顿，他在养老金巨头美国教师退休基金会中担任高层，是美国主要公司中的首位非洲裔美国最高执行官。（沃顿肯定保持了非洲裔美国人"之最"的记录，他还担任过密歇根州立大学的校长以及纽约州立大学系统的领导人，管理了 72 所学院和大学，打破了对肤色的歧视。）

我决定把这本新书取名为《成为领导者》（*On Becoming a Leader*），它又给了我一次机会，让我仔细考虑领导力的性质和如何获得领导能力。我越发清晰地意识到，领导人之所以能笼络人心，那是因为他们能取得别人的信任，而并不是出于他们的魅力。这本书中涵盖的 29 名领导者对他们自己，以及生活和工作的环境都相当了解。诺曼·李尔是最为机敏、表达能力最强的领导人之一。作为《全家福》（*All in the Family*）的出品人，李尔在网络电视中加入了尖锐的讽刺，后来又和别人一起成立了美国式公民这一民权组织。他一如既往地活跃在娱乐行业，为争取民权而奋斗。李尔在很多事情上都发表过旗帜鲜明的观点，他把商业看成是我们这个时代的主导性范例，认为商业中存在的那种急功近利的底线思维将对整个社会产生消极影响。这些领导者加深和补充了我在课堂上所教授的领导力知识。和之前一样，做这些采访研究又为我带来了新的友谊。在这本书的牵线搭桥下，我开始去诺曼家。他家位于布伦特伍德，在周日的晚上，他经常会放映一些电影。在那几个令人兴奋的晚上，我还结识了很多富有创新精神的南加利福尼亚人。

那时，将好莱坞演员纳入领导者的研究范围是极不寻常的，而与众不同的最高执行官则在这一领域很受欢迎。我记得和吉姆·伯克有一次很有趣的交流。他和我同时接受了国家电视台的采访。吉姆笑着问我："沃伦，你认为在当今的美国，谁是最有权威的人？"这是个恶作剧式的问题，同时也很有挑战性——"快说吧领导力先生，谁是你眼中的大人物呢？"我想了一会儿，然后回答道："保罗·沃尔克。"我觉得这是一个固定的回答。作为卡特总统和里根总统政府下联邦储备委员会主席，沃尔克在 20 世纪 70 年代发生的通货膨胀危机中发挥了重要的作用，尽管里根最终将他换掉。"这是个很好的回答，沃伦，但不是正确的答案。诺曼·李尔才是那个大人物。"吉姆说道。

吉姆继续解释道，李尔的《全家福》不仅仅只是娱乐大众，它还改变了美国人的态度和行为。在这部电视剧中，李尔特别小心，他每次都让其中的演员系好安全带，于是，越来越多的观众也开始跟着这样做。即便观众在看电视时大笑过，但他们同时也对亚奇·邦克的种族主义、性别歧视、嗜烟如命感到厌恶。李尔通过运用社会讽刺使得整个社会的风气朝着好的方向发展。吉姆是对的。李尔那强有力的领导力属于最高级别。我猜想吉姆是否是出于自身的经历才敏锐地注意到了电视的影响。1982 年，有 8 个人在吃了掺有氰化物的加强型泰诺之后不幸身亡，吉姆立即对此事作出了回应。于是，现在美国的每一所管理学校都在学习吉姆回应的典型方式。他接受了《60 分钟》的采访，并告诉迈克·华莱士为何他会置顾问的反对意见于不顾而决定召回总价值超过一亿美元的 3 100 万瓶药物。很多人认为吉姆这次接受采访成了强生公司的转折点，因为这次采访后，人们都觉得伯克是个诚实勇敢的人，他更加坚持做正确的事，而不仅仅是守住底线。尽管有些可怕的预测认为这个品牌将永远名声扫地，但事实上，泰诺第二年就重新赢得了 80% 的市场份额。

《成为领导者》于 1989 年出版。我飞往全国各个城市，为这本书做宣传。在每个城市，我都记得艾比·莱德尔所说的"好好利用演讲一开始的关键时刻"，因为这时观众关注的焦点只有你，但这一时刻却是稍纵即逝的。艾比凭借她强大的影响力，让我登上了《今日秀》节目的舞台，并谈论了这本书。不久后，这本书就开始出现在畅销书榜单上。我开始意识到，比起每次只教一个学生，写作能让我从更大规模上教授领导力。这本书一直卖得很好，在 2009 年，本书出版了第二十版纪念版本，添加了新的编后记，内容主要是关于巴拉克·奥巴马的历史性总统竞选。不久前，书中有一段关于领导者和管理者的对比被《华尔街日报》全部引用，这篇文章的结尾处写道："管理者把事情做好，领导者则做正确的事。"

《成为领导者》这本书出版后，编辑和记者越来越频繁地给我打电话，让我评论一些最高执行官或政治领导者最近的成功或失败。这本书的出版标志着一种新的开端。古鲁这个让人听而生畏的词之前从来没有用在我的身上，但现在不断出现，成为我的标签。咨询的机会源源不断地涌来。一个代理商还打电话给我，问我是否想加入一个赚钱的巡回演说。每一个机会又会创造更多的机会。我受邀参加了在达沃斯举办的世界经济论坛，这就意味着我能接触更多的世界领导人。我的名片盒也越来越薄。我在《纽约时报》和其他一些刊物上发表了关于领导力的观点，这让我更加引人注目，也为我提供了更多的机遇。我在想，我会变成一个品牌吗？像起士专家或斯奈普那样的品牌？

在南加利福尼亚大学，我不用管理任何事，这让我感到很庆幸，因为我可以把时间和精力都投入到教书、写作、演讲和扩大朋友圈等方面，丰富我的生活。1990 年，当时南加利福尼亚大学的校长吉姆·藏伯格邀我前去加利福尼亚州俱乐部和他共进午餐。吉姆很迷人，他是个专业的地质学家，也是个很有名的南极探险家，后来成了南方卫理公会大学的校长。1990 年初，吉姆就对外宣布他想辞去南加利福尼亚大学的校长一职，不过我怀疑他是否真的会辞职。吃午饭的时候，他问我是否能带领遴选委员会，帮他找到继承人。我知道这项任务不简单。当时，校园的政治斗争将南加利福尼亚大学分成了两个敌对的阵营，每个阵营都有各自支持的管理者。

我猜吉姆找我帮忙是因为我曾经也是一名大学校长，他也知道我在小组动态和领导力方面所做的工作。但对于承担这一任务，我确实存在着一些疑虑。藏伯格之前的一届遴选错误百出，搞得一团糟。因为向媒体透露了消息，所有最受瞩目的候选人都弃权了。一些很有潜能的大学校长虽然能担当政治职务，但从传统意义上，他们都不是合格的人选。他们不想让大众知道他们的竞争对手是谁、他们获胜的可能性有多大和其他一些尴尬的细节。接下来的几天，我一直都在衡量正反两方面的因素。最终我告诉吉姆，我很乐意带领遴选委员会。这次经历是我人生中最艰难的一次经历，同时也教会了我非正式领导。遴选委员会就是一个诺亚方舟，由各式各样不同的成员组成。委员会共有 19 名成员，大多数都是教师和管理者，还有 3 名学生；校园里非洲裔美国人和西班牙人机构中的代表；一位校友代表；一位受托人。鲍伯·罗洛在这个遴选过程中是位难能可贵的搭档，他是一个富有激情的南加州特洛伊人，当时在光辉国际咨询顾问公司负责搜集各种高级管理人员的信息。

作为遴选委员会的主席，我承担着很大的责任，可是却没有实权。这种处境虽然让人感到不舒服，但却能逼迫你发展必要的领导技能，尤其是培养赢得别人支持的能力。至于遴选的过程，没有统一的章法可循，因此我只能即兴发挥。在召开了第一次气氛还算友好的会议之后，我意识到应该提出相关的指导方案以帮助我们成功完成这项任务。走漏消息是个大问题。为了预防这类事情的发生，我要求委员会的成员们在没有和我商量之前，一律不得向媒体提及任何一个候选人。考虑到透明化——这会让决策制定变得简单化，同时也能建立信任——我建议不实行无记名投票，任何一件事情都要公开。每个人都同意了。尽管搜集人选这一任务都在课余时间展开，但感觉却像我们每个人的全职工作一样。我们经常召开会议，有时甚至持续 6 个小时。在其他一些情况下，我还和其他委员会成员一起去了芝加哥、纽约和波士顿。

一开始的气氛正如我期待的那样——友好、专注。但遴选过程不久后就陷入了困境。委员会中共有 9 位强势的女成员，其中一个和我的意见越来越背道而驰。朱迪思・蕾丝尼克是一个聪明的法学学者，当时是南加利福尼亚大学法学院的一名教师。当安妮塔・希尔质疑克莱伦斯・托马斯接受最高法院的任命时，朱迪思曾是她的首席法律顾问。从一开始，朱迪思和我就好像处于一场决斗中，她以非凡的技能挥舞着她的重剑。我总觉得她以机智胜过了我，尽管我从未搞清楚她是怎样胜过我、什么时候胜过我或者为什么会胜过我。潜在的问题其实很简单，几乎每一个遴选委员会的成员都有自己喜欢的候选人，包括我。我知道朱迪思很中意一个内部的候选人，她也下定决心一定要让她的候选人取得胜利，不管花什么代价。

当我要她在她的第一候选人以外再推荐几个其他候选人时，朱迪思就会有意无意地说出几个人的名字，这几个人表面看上去无懈可击，但实际上要么都有过重大失误，要么具备了一些有争议的特质。因此，他们是不能被接受成为董事会成员的。不合格的候选人越来越多，阻碍了遴选的进程。我变得越发沮丧和气馁。但最终我突然想到了一个办法：如果每个人都为自己支持的候选人在私底下暗斗的话，我们永远也不可能找到一个校长人选。因此，我对委员会成员说："看吧，好像我们每个人都不能找到最佳的候选人。我们要做的是为董事会带来三个候选人，让我们每个人都感到骄傲的候选人。这三个人必须符合我们都认同的标准，而且要被所有受托人接受。"这似乎成功缓和了紧张的局势。从那时开始，朱迪思和我就一直合作得很顺利。

作为遴选委员会的主席，我要培养的一项技巧就是能获悉评估员对候选人的真正看法。评估员的推荐信与其说是坦率的，倒不如说是圆滑的，你必须用像 X 射线般敏锐的眼光去解读。在调查期间，我给克利夫·沃顿打了个电话，他当时是纽约州立大学系统的领导人。我请他负责调查两个主要的候选人，这两个人都是向他作汇报的大学校长。于是，他开始对纽约州立大学水牛城分校校长史蒂夫·桑普尔进行调查。克利夫说他的员工都很害怕接到史蒂夫的电话，因为他们知道史蒂夫会极力争取他的学校所需要的东西。克利夫还指出，在水牛城大学加入具有声望的美国大学联盟（水牛城大学是唯一一所具有这一荣誉的纽约州立大学）过程中，史蒂夫起到了非常重要的作用。我不得不提醒克利夫评论一下其他纽约州立大学具有前途的候选人。他照做了，不过很简短。尽管克利夫没有站出来明说，但很明显他认为史蒂夫就是合适的人选，因为他能将事情做得更完美。

调查需要挖掘候选人的职业生涯和个人生活。毫无意外的是，这个挖掘过程揭露了许多丑陋的小秘密。南加利福尼亚大学两名教职员工找我出去，私下告诉我其中一位候选人既是个臭名远扬的风流鬼，又是个反犹太主义者。调查过程经历了九个月。一开始，我和董事会主席，还有他的执行委员们紧密合作。像训练小组一样，委员们团结在一起，每个人都做好自己分内的事，就像一个社团一样——一段时间是这样。我觉得我作出的最大贡献就是建立信任感，因此没有一个消息透露给了媒体。在 1990 年 12 月 5 日举行的新闻发布会上，史蒂夫·桑普尔正式对外宣布成为南加利福尼亚大学的下一任校长（第十任）。本次遴选调查获得了巨大的成功，因此委员会成员们决定最后一次聚在一起，在位于圣塔莫尼卡的麦克尔餐厅举行庆功晚宴。那是个温暖、充满胜利喜悦之情的夜晚。那时我们还不知道，作为南加利福尼亚大学的校长，史蒂夫将会成为一个卓越的转型性领导者。因为完成了任务，所以我们都很兴奋，而且我们对史蒂夫也相当了解，我们知道史蒂夫将出色地带领好南加利福尼亚大学。那是个精彩纷呈的夜晚，但对我来说，最为难忘的是朱迪思·蕾丝尼克朝我走来并向我表示感谢。她对我作出了特别的评价："你知道吗，沃伦，"她说，"你从来不会让人觉得心里别扭。"

1994 年，我在学校办公室里接到了一个电话，问我是否愿意抽出一天的时间，为当时的副总统阿尔·戈尔和他的员工做一个有关领导力的项目。我说这是我的荣幸。从一开始，比尔·克林顿和阿尔·戈尔在政治上就是一对奇怪的组合。戈尔来自于一个政治王朝，他的父亲继承了他祖父的职位，长期担任了田纳西州的参议员；克林顿是个具有超凡魅力的领导人，他没有多少管理经验，却从阿肯州州长的公寓走出来一跃成为白宫的主人。我和很多人一样，都被克林顿"希望之镇"的演讲所感动。这个演讲充满着强烈的感情，说出了我们每个人的共同愿望，也加强了我的信念。我们期待的领导人就应该像他一样充满着乐观的远景。

我来到华盛顿后，发现戈尔和克林顿就像是在政治上失和的一对夫妻。戈尔的员工对其中存在的紧张气氛感到很沮丧，他们与总统员工和第一夫人员工之间的关系也都很紧张，和希拉里员工的摩擦尤为激烈。副总统戈尔和他的 80 名员工聚在老行政办公大楼，一起举行研讨会。这栋大楼被马克·吐温称为美国最丑的大楼。我以积极合作这一话题作为开场。积极合作是 1998 年我和帕翠卡·沃德·毕德曼合著的《七个天才团队的故事》（*Organizing Genius*）一书的主题。在书中，我们研究了很多伟大的团队，包括曼哈顿计划和迪士尼动画，当然还有克林顿背后丰富多彩的团队，这个团队促成他首次总统竞选就获得了成功。我说道，不管在科学领域还是政治领域，只有当一群有才能的人紧密协作，并且有一个支持他们、能释放他们才能的人领导时，这样的团队才会取得巨大的成功。我重复了书中的一句话，这句话后来成了这本书的格言警句："我们当中谁也没有我们大家的智慧。"

接着，员工们分成了几个小组。戈尔的员工本来就怨声连连，再加上白宫里的人总是对他们不屑一顾，而他们又不得不和白宫里的人交流，这让他们更加怨声载道。抱怨是那天的一项安排，于是他们详细地说出了很多令他们感到沮丧的事。和很多其他认识戈尔的人一样，我感到大吃一惊，因为他本人和呈现给公众的形象完全不一样。尤其在上电视时，他显得更加僵硬沉闷，甚至有些阴沉——可能是西装和领带的缘故。但在现实生活中，他是个非常聪明的人，而且相当可爱——说话很直白，而且很滑稽，有时候甚至有些闹腾。我不禁在想，他是否意识到自己其实成了他父亲的梦想的受害者。在这个项目临近尾声的时候，戈尔发表了总结演讲，展现出了非凡的领导能力。他的很多员工都曾为他的总统竞选出过力，而且仍然每周为他工作 60 个小时。看着这些员工，戈尔说道："我听到了你们的抱怨，也能理解你们的抱怨和沮丧。但这个办公室是美国副总统的办公室，我们的工作就是确保自己能成功履行这一职责。"戈尔允许他的员工发泄和表达他们的困惑，但最终为了团结整个团队，他做了每个领导人必须做的事：他提醒员工们时刻记住首要任务——确保总统职责的成功履行。

20 世纪 90 年代中期，我接到了霍华德·舒尔茨打给我的电话，我们之前从来没有见过面。这位带领星巴克成为一种国际现象的领导人首先向我介绍了他自己，接着问了我一两个问题。我们很喜欢彼此，所以不久后我们就成了朋友。在我还不认识霍华德之前，我就已经非常敬佩他的一个品质，那就是他总是努力营建一个人性的、公正的工作场合。原因是大家都知道的：当霍华德还是个青少年时，他的父亲受了伤，在丢了工作的同时也让整个家庭失去了健康保险。霍华德深知其中的痛楚。因此，他决定，任何一个每周工作 20 小时或更多的员工都将受到公司补助的健康保险。我和霍华德之间最令人感到满意的一点就是，我们的关系不是交易型的。除了友情之外，我们谁也不期望从对方那里得到什么。这是一种圣约关系。

几年之后，当我正准备离开办公室的时候，霍华德给我打了个电话。"沃伦，有时间吗？"他问我。"只有几分钟，霍华德，我马上要去上课了。"霍华德向我描述了一个他之前从未遇到过的问题。他要在公司中采取一个重大举措，但几乎所有直接下属都反对他的决定，这种情况还是第一次。更糟糕的是，星巴克花了几百万美元邀请一家顶尖的咨询公司对他的决定进行审查，结果咨询师们也持否定态度。我非常抱歉没有更多的时间和他讨论这件事，不过我问他是否还相信之前的直觉。他说他相信。"那么如果是我，我会这样做，"我建议道，"我会组织一个'撤退'会议——可以把它称为宣泄或疑虑会话——地址选在公司外。花至少半天的时间，让你的员工尽情表达他们对这项计划的担忧。你会有什么损失呢？当这个会议结束后，你或许会改变想法，或许他们会改变想法。不管发生什么，他们知道你至少听取了他们的心声，而且很尊重他们。”他感谢了我所提出的意见，然后挂断了电话。

当我赶去上课的时候，我意识到霍华德都还没来得及告诉我他想采取的重大举措到底是什么。后来我们见面的时候，我问他遭到很多人反对的决定到底是什么。“在日本开第一家星巴克。”他说。（咨询师们提出的第一个问题是，“日本有谁会喝咖啡？”）但霍华德是正确的。虽然最近的经济大萧条缓解了星巴克的发展，但在这之前，星巴克在亚洲的发展就像雨后春笋一样迅速，尤其是在日本和中国，越来越多的人认为咖啡是一种年轻、时尚的饮料。

在过去的30年中，我相当的忙碌。很久以前，我受到了良师益友的指导。道格·麦格雷戈和其他人给我的支持改变了我的人生。因此，我也想为学生和年轻同事提供这样的支持。在这段时间里，我也有了里程碑式的成果。吉姆·奥图尔和我成立了一个领导力研究所。我们还创办了《新管理》（*New Management*）杂志，由视觉传达设计大师理查德·索尔·沃尔曼设计杂志的各方面视觉效果，相当前卫，看起来有点像《连线》杂志，但那时《连线》尚未问世。另外，在我的提议下，南加利福尼亚大学现在还开设了领导力辅修课程。

写书让我沉浸在我感兴趣的主题中。为什么有些聪明的学生能“在大学里产生影响，发明具有持久重要性的个人电脑等，而其他一些很有才华的人却一事无成呢？”关于这个问题，帕翠卡·沃德·比德曼和我在《组织天才》（1998）一书中进行了探讨。在《极客与怪杰》（2002），现在更名为《终身领导》（*Leading for a Lifetime*）一书中，鲍伯·托马斯和我对比了

30岁以下和70岁以上的领导者。我们发现每个领导者都经历了一些考验。这样一些自我转变的经历为他们的领导生涯做好了准备。不管在哪个领域中，获得成功的最重要特质就是适应能力。我们还为领导力点金术建立了一套理论模型。在《判断力》(*Judgement*)(2007)一书中，诺尔·迪奇和我提出，领导者的生涯其实就是各种判断的总和。我们总结道，做出判断是一个领导者的首要任务，是领导力的遗传基因。有了好的判断力，几乎就万事俱备了；而如果没有好的判断力，那么其他什么都没有意义了。在《透明度》(*Transparency*)(2008)一书中，吉姆·奥图尔、丹·戈尔曼和我主张（还有帕翠卡·沃德·比德曼），坦率对组织健康而言是必不可少的。当今社会，因特网有效地推翻了城墙、消除了物理界限。在这样的一个世界中，透明是在所难免的。

每一项写书工程对我来说都是一次激动人心的合作，因为在和有才华的同事交流想法、创造有价值的东西时，我总是感到很兴奋。这些书同时也创造了附属的价值。总统顾问大卫·格根邀请我前往华盛顿，参加一个关于《七个天才团队的故事》的电视采访，我俩的友谊也随之得到了加强。自从1999年，我就担任哈佛肯尼迪政府学院公共领导中心的董事会会长，大卫是领导中心的主任，我们在那里的项目包括年度领导力置信指数调查。2007年，在民主党党内预选之前，我就《判断力》一书在《华尔街日报》上发表了一篇专栏文章。我在这篇文章里写道，巴拉克·奥巴马对伊拉克战争的准确判断胜过了希拉里·克林顿的所有经历。不久后，我竟然意外地接到了这位未来总统给我打来的电话，他感谢了我所作的这一评论。

在校园里，我所做的最有意义的一件事情就是和史蒂夫·桑普尔一起开设并教授一门有关领导力的课程。这门课程开始于1995年，经过15年的发展演变，它成了学习和发展领导力的独特工具。每个学期都有300名左右大三、大四的学生报名参加这门课程，而且人数在不断地扩大。在面试每一个学生之后，我们从中挑选 42 名。史蒂夫和我把我们知道的有关领导力的所有东西都倾注到这门课程中去，并且将课程取名为“领导力的艺术和探究”。这门课程是活生生的，因为它在不断变化。与课程配套的是一本很厚的读物，内容目前包括托马斯·卡莱尔的《英雄王》、(*The Hero as King*)、马丁·路德·金的《来自伯明翰监狱的书信》、(*“Letter from Birmingham City Jail”*)、斯坦利·米尔格拉姆的“权力服从研究”和金·李普曼·布鲁门的“摆脱有毒领导人”。

每个领域的领导人都来给我们的学生上课。玛格丽特·撒切尔向最早开设的一个班讲述了她担任英国首相的经历。迈克·杜卡基斯和凯蒂·杜卡基斯每年都会来。这位前总统候选人和同学们分享了他在输掉竞选之后学到的有关领导力的艰难一课。他还鼓励学生们像他一样，不要去上法律学校，而是直接投身于公共服务中。凯蒂·杜卡基斯的坦率让人钦佩，她提到了她的毒瘾，以及有时会发作的严重抑郁症，还有后来通过休克疗法找到的缓解。学生们非常喜欢金考公司创始人保罗·奥法里和他的故事。奥法里有诵读困难，因此在学校里的表现相当差。但通过认识到自己的缺陷、和那些拥有他所不具备的强项的人做伴，保罗最终克服了自己的缺陷。大卫·格根是最受欢迎的，他的理性之声在竞争日益激烈的电视政治脱口秀节目中越发受到欢迎。他的儿子克里斯是一位作家兼企业家，他也同样受到同学们的喜爱。

在教学助理不知疲倦的协助下，史蒂夫和我更加努力地工作，将这门课变得更加充实、有活力。学生们也不仅仅只局限于对领导力的学习，他们经常凭借自己的实力担当领导者角色。除了在课堂上学到的知识以外，他们还自发地成立小队，相互协作地构思并实行和领导力有关的项目。这些项目中还包括了其他大学或当地学校，学生们也下定决心创造出一些具有长远意义的结果。他们一边执行着项目，一边分析整个过程。每个小队都参与到一些事情中。例如，在一个包括航海的项目中，学生们向八年级的孩子教授领导力技能，而当地的中学从来没有教授过这方面的知识。创立并经营这个项目的小队把他们的项目称为“领导船”。学生们得为他们的项目找到资金赞助，同时得构思并执行这些项目。写作和其他形式的表达是这个课程的重要因素。我们要求每个学生都要写一篇论文，这对他们来说是一项严峻的考验。史蒂夫和我得知，越来越多申请南加利福尼亚大学的学生在被问到为何选择这所大学时，都提到了我们这个课程。这门课程成了一种现象，并且非常受欢迎。有时候，家长甚至都会找到我们，希望能为他们的孩子报上名。

“领导力的艺术和探究”让我能和史蒂夫一起，致力于我俩都特别关心的事。史蒂夫和我在很多方面都没有相似性，但作为共同执教一门课程的老师，我们俩互为补充。他比我年轻，是个中西部人。他的智慧、体面和低调作风常常让我想起道格·麦格雷戈。史蒂夫拥有电机工程的博士学位，他有很多的专利控制权，并最终成就了微波炉和其他一些有用的设备，而我则几乎不会使用微波炉。史蒂夫也是最出色的大学校长之一。他在南加利福尼亚大学采取了一些变革措施，提升了这所大学在国内外的地位，更重要的是，他还提升了学术项目和教职员工的质量。尽管南加利福尼亚大学之前一直被认为是一所党校而受到冷落，但现在，它却能与伯克利大学和其他著名的大学竞争，并吸引了很多一流的申请人。史蒂夫为周边社区敞开了学校的大门，他还和其他大学一起创立了环太平洋大学联盟，鼓励国际合作。另外，他还是个无法企及的资金筹集人，他带领了一项竞选，为南加利福尼亚大学赢得了28.5亿美金的资金赞助，这个数字是破纪录的。史蒂夫还撰写了《卓越领导的思维方式》(*The Contrarian's Guide to Leadership*)，这本书于2001年出版，总是排在最出色的商务书籍之列。在由威力出版社分支机构乔西—巴斯出版社出版的领导力系列中，这本书至今仍然是畅销书之一。多年以来，我一直关注着史蒂夫，和他共同执教一门课程让我知道了合作伙伴关系的内涵。我们都知道，如果没有彼此，我们是不可能成功的。

若干年来，你的职业生涯得到了发展，而你却完全没有意识到，这确实是一件很奇怪的事。一项新的政府项目给了你钱，让你上了大学。你充分利用了这次机会，于是，一个崭新的世界呈现在了你眼前。你拿到了文凭，然后读研，完成你的论文。你在最好的地方获得了一个预备终身职位并最终得到了终生职位。如果你和我一样幸运的话，你也不用浪费十几年的时间做一些不会给你带来满足感的事情。因为你有一个教授职位，你就不用做一些仓鼠转轮般没有回报的工作。你有思考的时间和自由，奇迹中的奇迹就是，你还能拿到工资。你教书，你研究，你和周围聪明的、慷慨的人们分享想法和笑声。你写书，而且如果你幸运的话，会有一批读者读你写的书。一些被马尔科姆·格拉德威尔称为专家和连接者的社会权力掮客会读你写的文章或听你的演讲，他们喜欢听你表达出来的信息和你搭建这些信息的方式。他们在其他专家和连接者面前提起你，或者他们会拿起电话亲自打给你。你发现了一些你感兴趣的事情，如领导力，那么如果你依然足够幸运的话，人们会开始靠近你，听取你在这个主题上的想法。他们开始称呼你为专家。你的名声悄无声息地生长着，但你一开始却因为太忙而没有注意到。随着时间的流逝，一些不可思议的事情发生了。有时候，你会惊讶地发现，用丁尼生的话说那就是，你已经出名了。你要做的就是努力工作、变得幸运，并且活在这个世上。

用埃里克·埃里克森的话说，在南加利福尼亚大学的这几年是我人生中最多产的岁月。这一点儿也不奇怪，因为我身边总是有很多富有才华的学生和同事，他们每天都为我输入了智慧的血液。不久前我意识到，南加利福尼亚大学是第一个让我觉得自己不是一个寄居者的地方。我的儿子威尔在我之前就发现了这一点。威尔是个人类学家，他知道文化环境是如何对人们进行塑造的。有一次，格瑞丝、我、威尔和他的妻子丽亚在一起吃饭，那时威尔是西北大学的一名博士后。我们在饭桌上叙旧、讲笑话，过得非常开心。这时，威尔看着我，笑着说："爸爸，南加利福尼亚大学已经成了你的社区，对吗？"

是的，威尔。我找到了归属感。

第九章 岁月的磨砺

衰老总是悄然而至。对于我们这些曾经无论在哪个团队中总是最年轻的人来说，年迈更让我们感到吃惊。我的朋友西德尼·哈曼出生于 1919 年，他是个音频技术的创始人，也是个慈善家；斯拉莫出生于 1913 年，他是汤姆森拉莫伍尔德里奇汽车集团的创始人之一，也是个博学的人。只有当我和他们在一起的时候，我才不算是最年长的人。在《极客与怪杰》一书中，鲍伯·托马斯向我描述过考验并改变一个人的磨砺、经历以及经验是如何锻造领导力的。事实上，我们是不可能被一个磨砺或挑战而永久塑形的，相反，我们在生活中会不断受到各种考验和接受不同磨砺的挑战。第二次世界大战对我和成千上万的人来说是第一个磨砺，而我觉得衰老则是我的最后一个磨砺。衰老是一项极为严峻的考验，诗人兼哲学家贝蒂·戴维斯早就意识到了这一点，她说过一句很有名的话"年老不适合胆小鬼"。处在 90 岁中旬，我现在可以告诉你，岁月的磨砺是我一生中经历的最激动、最严格、最好奇、最恐怖、最满意、最具有教育意义的磨砺。

衰老是发展的一个阶段，和青春期最为相似。心理学家用不稳定性归纳这个阶段，因为衰老的心情是善变的。当我慢慢变老时，我发现我变得更加敏感，更容易受到伤害，更容易黯然神伤，同时也更容易欢欣鼓舞，甚至兴高采烈。如果年老是一部电影或戏剧的话，那么它一定是一部喜剧。称年老为喜剧，我的意思和梅尔·布鲁克斯所说的一句话一样："悲剧是我切到了自己的手指，而喜剧则是你失足掉进一个露天阴沟里，不幸丧了命。"从外表上看，衰老是一个生理喜剧，踩在香蕉皮上滑了一跤的那种喜剧。这种衰老侵蚀了健美的身姿，让老年人在别人眼里看起来很滑稽可笑，可是他们自己却觉得很糟糕。当你到了 80 岁或 90 岁时，你的步态会更像弗兰肯斯坦而不会像弗雷德·阿斯泰尔，除非你足够幸运——说实话，为了避免和卡西莫多一样，你还得做大量的运动。

最近，在 1 月份的一个下午，我发现了衰老的一个古怪特征。我走到南加利福尼亚大学的多希尼图书馆，想给一些荣誉退休教师做一次演讲。洛杉矶的冬天只有两种天气情况，要么特别好，要么倾盆大雨。那天的天气很糟糕，大雨滂沱。当我朝着图书馆走去的时候，我用力撑着一把大伞。那天的风特别大，我不得不两只手都握着伞，把公文包夹在一个手臂下。图书馆是一栋漂亮的古建筑。我来到了门口。出于某些原因，在近来的 20 年里，像图书馆这样的大门变得莫名的沉重，而这扇门尤其难开。进了门之后，我来到楼上，走进知识共享房间，这间房子的名字取得很响亮。我期待的是一群退休的教授聚集在一起，正焦急地等着我讲话。但相反的是，我却看到了一群三四十岁的年轻人。当我问他们是不是荣誉退休教师时，我们都咯咯地笑了起来。这时，我意识到肯定是什么地方出了岔子。我的第一反应是，把这件事情搞砸的就是那个邀请我发表演讲的同事。我愤怒极了。为了帮他这个忙，我在十年来最糟糕的暴雨天气里艰难跋涉，他却把事情搞砸了。我摸索着手机，非常生气地给我的秘书玛丽·多利特尔打了个电话。这时，一个身材高大、长相严肃的人向我走了过来，他的手里拿着一本大书，我发现这本书是《本尼斯精选》(*The Essential Bennis*)，由我的作品节选编辑而成。这个人非常郑重地把书翻开。同时，玛丽接通了我的电话，于是我气急败坏地朝电话里乱说一通，诽谤这个同事浪费了我宝贵的时间。拿着书的这个人在一旁静静地站着，伸出来的手里托着那本翻开着的书。当我停下来的时候，他严肃地说道："本尼斯教授，您能在这本书上签个名吗？"我已经停止了对那个一文不值的同事的严厉批判，于是我笑着说："我很乐意。你叫什么名字？""哦，不是为了我自己，"他说，"我是案卷保管员。我这样做是为了学校。"那时，玛丽仍然在电话上，她找到了观众为什么没有到场的原因。她在电脑上查阅了我的日历。"沃伦，你的演讲不在今天，是在 2 月 26 日。"

突然，我开始生我自己的气。在我回家的路上，我陷入了沉思。我怎么可能记错了一个月？当你到达一个特定年龄段的时候，人们通常会根据你脑力下降水平来评判你的情况。现在我要反省我自己。30 岁的时候我会犯这样一个错误吗？这是一个无关紧要的过失，还是暗示着一些可怕的、和年纪有关的事情，而且只会越变越糟！我在脑海里一次又一次地重现这件事，我想得越多，这件事就显得越发没有那么严重了。不就是搞错时间了嘛，没什么大不了的。突然，整件事情变得滑稽起来。天知道，这又不是个悲剧。我不确定雨后来有没有停，太阳最终有没有出来，但是我的心情开始好转，于是我开始大笑起来。

对于衰老，人们似乎有着截然不同的观点，而且这两种观点都很极端。我认为的豁达态度体现在一对总是面带微笑、头发花白的夫妇身上，他们俩的皮肤都被晒成小麦色，看上去很健康。他们会跳探戈或在海浪中划皮艇。

这种对于衰老的观点是明朗的，但是我的同龄人肯定会明确反对，他会这样说："黄金岁月，才怪。"与此相对应的一种观点则认为衰老是一连串永无止境的恐怖事件，就像老年版的《得州电锯杀人狂》。以我的经验来看，这两种观点都很荒谬。这并不是说衰老没有身体和心理上的需求，只是在你年轻的时候，你不会去思考这种需求的方式，除非你看着一个你爱着的老人像朱莉亚·查尔德所说的“正在减少这方面的需求”。

生活有很多不同的角色，年老无疑是其中之一，而且这一角色是由流逝的时间赋予我们的。你无法为这个角色做好充足的准备。但是，当你衰老之前，你可以找到成功衰老的典范，向他们学习，了解即将发生的事情和对策。在我年轻一些的时候，我最好的朋友是好莱坞常青树经纪人萨姆·加菲。萨姆于 2000 年去世，享年 98 岁。在电影工业到来之际，他还在世上。他是导演恩斯特·鲁别谦和其他著名人士的制片人。他还首先提出了“晚上拍摄白天戏份”的技巧（利用强烈的光照，在晚上拍摄白天的场景）。派拉蒙影业能从纽约搬到洛杉矶，其中也少不了萨姆的关键性作用。萨姆是亨弗莱·鲍嘉、理查德·伯顿，以及斯坦利·库布里克的经纪人。在我认识萨姆的这些年里，我不记得他有谈论过他的过去。他总是活在当下并展望着未来。在竞争激烈的好莱坞，萨姆仍然努力想成为一名演员。我们曾经一起报名参加了一个在剑桥大学三一大厅里开设的有关狄更斯的暑期班。萨姆在高中时就辍学了，因此他是自学成才。在评估那些伟大的维多利亚时期小说时，他就像评估电影交易一样热切、机敏。和其他很多好莱坞先锋一样，萨姆也讨厌次品。为了给伊迪丝·华顿的《欢乐之家》争取电影制作的投资，萨姆不断尝试了好几年。萨姆和很多在《极客与怪杰》一书中接受我访问的有活力的老年人一样，出于弹力和适应力，他能一次又一次地重新塑造自己。在麦卡锡主义盛行的时代，他所代理的机构的客户都受到了追捕，于是他关掉了他的代理机构，搬去了伦敦。在伦敦，他成了一个制作人。1966 年，他制作的《狮子与我》获得了奥斯卡奖，是一部非常成功的国际电影。

关于衰老，有一个我没有预料到的方面，那就是我们的文化中对老人有着强烈的偏见。现如今存在着一个奇怪的现象，人们都倾向于崇拜乔纳斯兄弟和其他一些年轻的名人。事实上，对老年人的偏见早在这之前就已经存在了，甚至和西方文明一样久远。在《论老年》（*On Old Age*）一书中，罗马哲学家西塞罗就引用了他的学生兼演说家开塞利乌斯的一句话："可以肯定的是，年轻人不喜欢老年人。"我对古罗马不是很了解，但是，当我第一次在校园里经历了对老年人的歧视主义时，我感到很震惊。我到处打听，发现对于女性、非洲裔美国人，以及其他被边缘化的人，或者年轻时就被冷漠对待的人来说，年迈时受到歧视并不显得那么意外。但是，当一个骑着自行车的年轻男孩朝着走在人行道上的我快速驶来，当我不存在一样差点把我撞倒时，作为一个获得了一定地位的教授，我感到不知所措。一旦你意识到老年人被区别对待时，你就时时刻刻都能看到对老年人的歧视。我注意到了几个专门用来描述一个特定年龄层的词语。没有一个 70 岁以下的人会被形容成"精神矍铄的"或"思维敏捷的"。这两个词都是老家伙的代名词，只是伪装成了对老年人的表扬。一个朋友说，要想知道你是否已经被当成老年人，有一个判断的方法就是看人们在和你说话的时候是否会用到"仍然"这个词。例如，"你仍然可以胜任"，"你仍然在工作吗？"我知道，尽管这些小小的侮辱和一些人经历的恶意种族歧视、性别歧视相比根本不算什么，但是这仍然让人感到很受伤。这些词汇让年迈的人记得的不是他们的敏捷或敏锐，而是他们不断被削弱的地位和日益丧失的权力。它们让老年人感到脆弱和渺小。

10 年前，我去听了卡罗琳·赫尔布伦在南加利福尼亚大学的演讲，她是个作家、文学评论家。那时候她肯定是在撰写《时间的最后礼物：60 岁以后的生活》(*The Last Gift of Time: Life Beyond Sixty*)。听她演讲的观众很多，很有热情，但大都是女性。赫尔布伦比我小一岁，她曾经公开谴责哥伦比亚大学的性别歧视主义，并且提早退休表示反抗，自此以后，她就成了女权主义的标志。她是格洛莉亚·史坦能传记的作者，还写过很多非小说文学，都广受好评。此外，她还以阿曼达·克洛斯为笔名，发表了一系列非常受欢迎的悬疑小说。她犀利地描述过，作为一个老年妇女，当她走进一间都是陌生人的房间里时所受到的待遇，这给我留下了很深的印象。像拉尔夫·艾里森所描绘的透明的人一样，赫尔布伦也成了一个透明的人——人们的视线直接越过了她。直到他们知道她是谁，知道她是一个成功的小说家并取得了很多其他的成就时，人们才把她当作一个有价值的人对待。

当我在写衰老这一章的时候，我一直在想卡罗琳·赫尔布伦。从某些角度来看，我们的生活非常相似，但却有着完全不同的轨迹。她的生活最终以悲剧收场。我相信成功包括幸福，都是运气和历史使然。出生得太迟或太早可能会直接影响到你是否能抓住一个历史性机遇，进而导致错误的产生或带来沮丧甚至是绝望的人生。历史眷顾了我，但没有眷顾赫尔布伦。当我在军队和德军、战壕足进行抵抗的时候，赫尔布伦则是韦尔斯利学院一名出色的学生。《退伍军人权利法案》开启了我的职业生涯。我是第二次世界大战后 800 万美国退伍士兵中的一员——这个数目是参军总人数的一半——我们都因为军人法案而上了大学。赫尔布伦从来没有参加过武装部队，不过即便她参加过，作为一个女人，在那个时候她也可能不会有效利用军人法案。根据纽约市立大学网站公布的信息，35 万名有资格的女性老兵中，只有百分之三的人利用了军人法案上了大学，很多人都没有看到教育的效益。此外，战后的文化也迫使她们脱下制服，系上围裙。赫尔布伦 19 岁就结了婚，生了三个小孩。后来她又上了研究院校，在哥伦比亚大学度过了几乎整个职业生涯。她是英语学院的终身教授，并获得了享有盛誉的讲席教授之称。但时机决定了一切。哥伦比亚大学雇用赫尔布伦的时候，女性教职员工是一个受到围攻的小团体，哥伦比亚大学尤其如此。如果她晚出生 20 年，她就会有更多的女性同事、更多的女性学生，也就不会觉得这个学校是个令人讨厌的“男子俱乐部”了。不管出于什么原因，哥伦比亚大学对赫尔布伦而言显然不是一个能够得到支持和关爱的社团，不像南加利福尼亚大学之于我那样。当我听她在南加利福尼亚大学的演讲时，她显得很悲伤，而不是生气。我不知道她是否患过忧郁症，也不知道这么一个很有才华的人为什么没能在哥伦比亚大学赢得更多的男性盟友。但是，考虑到赫尔布伦几十年来的灰心沮丧，衰老可能是最后的致命负担。2003 年，当我读到消息说她结束了自己的生命时，我并不感到特别惊讶，反而感到非常的悲伤。那年她 77 岁。

作为一个老年人，我觉得自己比年轻时候更加智慧，但是我忍住了冲动，坚决不向其他人建议如何经营他们的生活，包括如何对付衰老。不过，在毕业典礼致辞上，我除了提出智慧的两大支柱之外，还会不断重复一项推荐——牙线和防晒霜。正如养育一个孩子需要全家的力量一样，你需要一个团队来成功地变老。除了格瑞丝之外，对我良好的健康作出贡献的还有心脏病学家大卫·卡农、内科医生大卫·斯坦因和精神病专家约翰·马里奥特，他们都是很出色的医师，也是我很好的朋友。在处理更加烦琐的事情方面，我又一次显得非常幸运——事实上可以说享有特别恩典。只要我需要，我就能雇佣到帮手，包括每周来我家一次，帮我保养硬木地板、搬一些重东西的年轻小伙儿。还有一位弥足珍贵的助手是我的计算机技术人员。在这个数字时代，你不一定要成为社交媒体的专家，也不一定要非常了解那些由芯片操控的机器该如何操作，但是你要会使用其中的一种。另外，我还有四个忠诚的、有才能的助手，他们总是帮我处理不断变化的事情。对老年人而言，最珍贵的两样东西就是时间和精力，而我的这四位助手却让我同时拥有了这两样。自从1983年我搬到圣塔莫尼卡的公寓以来，克拉拉·昂恩斯沃斯就一直是我的管家。除了清扫、洗衣服，处理干洗、偶尔准备饭菜之外，只要需要做的事情，克拉拉都能灵活地完成，如给汽车加油，准备她所说的营养丰富的schmoozies甜点（克拉拉出生在德国）。助理马克·伯拉扎是我的私人教练、司机和好伙伴。每周三次，马克指导我锻炼——做有氧运动、举重物——这可能是我保持全身健康的最重要因素。他还帮我处理了数不清的电话、邮件，他总是以最专业、最有礼的方式代我作出回应。另外，他还替我解决了很多无关紧要的琐事及任务，没有他我就得自己一一处理。马克的智慧和敏感让我有所依靠，帮我减轻了很多的压力。他很有亲和力，而且非常有天赋，能重新组织一件事以减少这件事带给人的刺痛感。最近，我按照医生的叮嘱，开始穿压力长筒袜。这种袜子比潜水员的潜水服还要难穿，而且一点儿也不好看。马克通过嘲讽这些袜子，让我觉得它们也没有那么糟糕。他把这些袜子称为我的“性能绑腿”，这个称谓总是让我不禁笑出声来。

玛丽·多利特尔每周三天会到我学校的办公室里。她当我的专业助理已经超过15年了，因此非常了解我，对我需求的判断几乎无懈可击。除了处理信件、邮件、整理资料、准备手稿、校对等这些办公室任务和其他一些编辑工作以外，玛丽还是我的保护者。她知道我不应该像以前一样总是答应别人的请求，她也懂得如何以最亲切的方式帮我拒绝书籍短评以及其他要我帮忙的事。当《纽约时报》要我评论新闻里的一些事情时，她知道要把电话接到我家里。玛丽选择待在我身边做我的助理，这真是一个奇迹——如果给好莱坞的显要人物做行政助理，她可以赚更多的钱。特鲁迪·古德曼是我生活中的另一个健康之源，她是我的佛教老师。特鲁迪是个充满智慧的女人，她一周来我家一次，和我一起就我人生这个阶段最重要的事进行沉思或者谈论。对于那些让朋友和家人担忧的困惑，我也可以和特鲁迪讨论。她能将恐惧和其他一些不安的情绪放在一个不受时间限制的精神背景下，让我得到放松和缓解。几年前，在我因为心脏病而即将入院接受治疗之前，特鲁迪建议我在心脏感到针刺的时候，重复一个咒语“愿我的心跳平稳”。这真的像魔力般起了作用。这四个人一天天提高了我的生活质量。他们是我这个团体的神经科学家，总是站在前线支持我，并时刻提醒我优雅地变老。

无论你如何粉饰，衰老都会强迫你面对。好消息是我们仍然有说话的能力，也还拥有对生拇指。但坏消息是我们知道自己必死的命运。对于这个令人不安的事实，我通常采用的方法是避免，而不是否定。我几乎不去多想死亡，因此，我也不会花太多的时间思考衰老。为什么我能做到这一点呢？那还是因为我很幸运。我的生活丰富多彩，满载收获，因此我可以关注并迷失在这种生活中。不像那些被迫退休的人，我可以选择一直工作，直到我自己不想工作了为止。因为我的工作地点位于学校，所以几乎每天我都和学生相处，这些学生非常年轻，都可以当我的孙子孙女了。他们让我接触了新词汇、新想法和新音乐，如果没有他们，我是不可能听到这些音乐的；他们和我分享热情，偶尔也会分享牢骚，他们让我对未来充满了希望。我也努力去做一些会受到年迈腐蚀的活动。我仍然开车，尽管不像从前那样喜欢（驾驶捷豹要比驾驶雷克萨斯好玩多了）。我停留在这个世界上的方式和很多其他的老年人不一样，他们不再工作，而且总是觉得自己被抛弃。对我来说，总有一些有趣的事值得去做，如担任遴选委员会的一员，调查史蒂夫·桑普尔的继承人。我仍然在指导、教书、写书，因此我的日常安排和30年或40年前一样充实。

在变老的过程中总有心情不好的时候，你有时候会觉得你花费的所有时间其实都是在榨干自己的精力。但补偿还是有的。这种时刻只是我的一个不满的冬季。令人感到惊讶的是，这个季节也会让我收获珍贵的、意想不到的赞誉。我的同事和朋友都煞费苦心，想向我在过去60年中所取得的成绩表示致敬。2000年，在我过完75岁生日不久后，我的学术同僚们奖励了我一本纪念文集，这是学术圈对一名学者所作贡献的传统庆祝方式。400多名朋友和同事参加了这次授誉仪式，有些人还特地从海外飞回来。在这个仪式上，南加利福尼亚大学还组织了一次为期一天的领导力会议。彼得·德鲁克发表了主要讲话；其他发表讲话的人还有查尔斯·汉迪、吉姆·奥图尔、汤姆·彼得斯和史蒂夫·桑普尔。在仪式进行的过程中，吉姆·奥图尔跳了起来，说了几句意义非凡的话，“如果说彼得·德鲁克是管理之父的话，”他大声说道，“那么沃伦·本尼斯就是领导力之父。”我深受感动，忍不住掉下泪来。

2006年，也就是6年之后，大卫·格根和贝琪·迈尔斯在剑桥为我的工作主持了一场盛大的庆祝会。大卫和我在90年代中期就认识了彼此。2000年到2004年的秋季学期，我都在剑桥，往返于哈佛大学商学院和公共领导中心之间，当时公共领导中心的执行理事就是贝琪。300名学者参加了这次为期一天的会议，会议的主题围绕着我写的书籍。我人生不同阶段的朋友和同事都到齐了——格瑞丝和她的女儿们，以及她们各自的家庭成员；克莱尔、我们的孩子，以及孩子们自己的家庭成员；乌瑞·赫谢尔和他的妻子麦娜·赫谢尔；弗瑞德·怀斯曼；格伦·克洛斯；布鲁斯·杰克逊和黛安娜·克里斯蒂安；罗莎白·默丝·坎特，她为了赶来参加特地包了一架飞机；维尔纳·埃哈德；史蒂芬·柯维；肯·布兰查德；汤姆·彼得斯；霍华德·舒尔茨；杰克·韦尔奇和苏西·韦尔奇；弗朗西斯·赫塞尔本；再加上我所有的合著者，以及几百个其他人士。这次庆典有种终身成就奖颁奖典礼的氛围，让我感到震撼。在闭幕式宴会上，我的女儿凯特和女婿哈勒姆·莫维斯为我唱了一首小夜曲《当我到九十四岁》，改编自披头士乐队的《当我到六十四岁》。

当我老了，头发花白，
十三年以后，
他们还会让我给书籍写短评，
报我以赞许的眼神吗？
如果我买一辆超级跑车，
格瑞丝会为我锁上车门吗？
你还会需要我，还会解读我，
当我到九十四岁吗？

格伦·克洛斯和她的丈夫大卫·肖为我唱了一首《当沃伦的眼睛充满笑意》。

这个庆典是物质（专题讨论会）和情感的完美结合。过来参加这次庆典的人都给了我无限的温暖，将我彻底征服。那天晚上，我情不自禁地想起了雷蒙德·卡佛写的一首小诗《迟来的断想》（*"Last Fragment"*）。

即便如此，从你的人生中，
你得到了想要的东西了吗？
我得到了。

你还想要得到什么?
去召唤自己心爱的人，去感受
在这世界上被爱的感觉吧。

衰老还带来了其他意想不到的快乐。很多年前就认识我的学生和其他人替我算了一下剩下的时日，于是他们决定如果想要联系我，最好还是不要浪费时光。因此，每个星期，我都会收到很多感人至深的信件和消息，都是为了感谢我曾经给过他们的建议或者感谢我的友善之情。一些给我写信的人给了我一个教师能得到的最高赞誉:“你改变了我的人生。”可能连写信的人都没有想象到，这些信件对我的意义非常大，因为它们证明了，我做过的一些事情改善了另一个人的生活。这些信件让我感到我的工作是值得的，这是任何一个正式荣誉都无法达到的效果。

最近，有人问我想给后人留下什么遗产。我仍然有很多想做的事情，所以我还没准备去考虑遗产问题。(伍迪·艾伦在说“我不想通过我的作品达到不朽，我想永远活着”时已经意识到了一些东西。)更何况我觉得遗产是由历史决定的，我们说了不算。和莎士比亚处于同一时代的约翰·韦伯斯特非常理解这一点，他写道:“国王的野心多么的徒劳，他追求奖杯和消亡的东西，留下了鲜活的名声，织网企图抓住风儿。”不管人们记住了我什么，我真正的遗产就是我的孩子——凯特、约翰、威尔，以及他们那些还没到 10 岁的孩子们，还有将来他们的孩子。值得高兴的是，约翰和他 9 岁的女儿戴温就住在附近的奥兰治县，我经常能看到他们。但是凯特与小卢克和小安雅现在住在弗吉尼亚州的夏洛茨维尔，凯特想在那里创办一个社区艺术中心。威尔与他的妻子丽亚和他们的儿子丹尼尔、亚当·加布里埃尔住得更远，在布拉格，威尔在当地的一所学院教书，而且正在启动一项计划，为企业家提供共享的办公区域。

孩子们已经长大成人。和其他父母亲一样，有时候我会怀念过去的日子，那时，比起生日蛋糕，我的陪伴对孩子们而言更加甜蜜温馨。现在，他们的时间也都充斥着约会、足球和为人父母的责任。他们现在成了这么出色的人，我感到很自豪，但是我也很怀念孩提时候的他们。在他们面前，我试着不表现出对他们的依赖。不久前，我读到了一个明智的建议，教会了我如何以最佳的方式和年轻人、包括自己的孩子交流。这个建议来自黛安娜·阿西尔的回忆录《通往终点的某处》(*Somewhere Towards the End*)，书名取得相当有勇气。这本书于2009年出版，当时黛安娜91岁。她写道："在我看来，现在的年轻人比我年轻的时候更加成熟，他们中的很多人——当然还包括我自己的孩子——要比我们更会和老年人相处；但我始终认为，你绝对不应该期待他们陪伴你，也绝对不能用和同龄人说话的口气和他们交流。他们提供给你什么，你就享受什么，仅此而已。"

不久前，有人问我是否想念最近去世的朋友们。事实上，我想念所有再也见不到的朋友，尤其是那些和我分享了很多笑声的人，而不仅仅是那些已经离开人世的人。和其他很多人相比，我的社会生活相当丰富多彩。但是在2007年，这样的生活大打折扣，因为我不能再坐飞机。我想和全球各地的朋友共度时光，但事实上，他们和那些已经收到死亡讣告的朋友一样，从我的世界中消失了。不去做这样的事情的区别是我不让自己感到太失落的方式之一。你必须保护自己。如果你不这样做的话，失落感会逐渐叠加，最终会演变成一股摧毁你的悲哀力量。

在《极客与怪杰》一书中，鲍伯·托马斯和我讨论过幼态持续，这是一个动物学术语，意思是"在成年时期还保留着幼年的特质"。运气最好的那些老年人不会失去年轻时的好奇、精力、幽默，以及欢乐。我们引用了幼态持续专家沃特·迪士尼的话。“和我一起共事的人都说我‘做起事来很天真无邪’,”这位米老鼠之父写道:“他们说我有小孩般的纯真和自然。也许我确实有。我仍然以纯洁的眼光好奇地看待这个世界。”和迪士尼一样,每一天我都带着孩童般的快乐。总有新鲜事物值得你去观看、去品味、去聆听、去学习。我的周围都是我爱的和爱我的人。我也有一些遗憾——我没有亲眼见证自己小孩的出生,我曾经还吸过烟,但吸得不多,不足以毒害我的生活。虽然有时我比从前更容易生气,但是我也变得更加容易谅解他人。现在,我完全能理解亚历山大的菲洛在两千年前说过的话,我们都要“对人仁慈,因为你遇到的每一个人都在进行一场艰苦卓绝的战斗。”

有时,我觉得我要至少活到92岁,这样我就可以看看巴拉克·奥巴马是否能赢得连任并且履行他的承诺。那时,我的孙子孙女们也已经长大,我就可以和他们讲讲对我们双方都很重要的话题。现在每过一天,我都离那个假定的终结年龄近了一点儿,所以我得重新更改这个数字。最近,又有一些理由让我还想多活一些年岁——我觉得我的儿子约翰有一天会再婚,我想参加他的婚礼,亲吻新娘和新郎,并且看到他们孩子的出生。伊迪丝·沃顿为安享老年制定了一个秘方。她写道:

> 如果你不怕经历变化,求知欲永不消长,对大事感兴趣,满足于小小的幸福,那么不管有多少病痛,甚至是死敌、悲伤,即便是到了平均的死亡期限,你也还能长久地活下去。

我试着做到沃顿提及的所有事情。每天我都提醒自己是多么的幸运——从战争中完好无损地幸存了下来;生活在大师圈中;有一份能实现自我价值的工作;被很多人深深地爱着;和美丽的爱人格瑞丝一起生活;有一群健康的孩子;活着看到了抗生素的发明、吉姆克劳法的终结、小儿麻痹症的攻克和电脑时代的到来。生命表告诉我，我离终点越来越近，离起点越来越远，但没什么事情是确定无疑的。孩子能以好奇的眼睛看待这个世界，因为整个世界对他们而言都是新的。我也带着天真的好奇心看待这个世界，因为它和 25 年前的世界完全不一样，或者说 50 年前，或者说 75 年前。我迫不及待地想要知道接下来会发生什么。每天当我环顾四周时，我依然感到惊奇。

致谢

以下这张简单的名单列表并不能表达我对每个人的感激之情。你们自己可能还不知道，你们都以独特的方式丰富了我的生活并且帮助了我。如果我忘了将你的名字罗列在内，请原谅我，因为记忆有时真的会衰退。不过我的爱和敬意永不褪色。

约翰·阿尔舒勒和黛安娜·戴尔蒙德

格洛里亚·安德森

克拉拉·昂恩斯沃斯

罗伯·阿斯加尔

弗兰克·本汉姆

米迪·本尼斯

丽亚·本尼斯

菲利斯·本尼斯

阿文·巴哈姆比

肯·布兰查德

杰克和佩吉·波尔斯丁

利亚·布泰拉和艾德·施耐德

约翰·拜恩

理查德和杰奎琳·赛莱斯特

塔拉·丘奇

肯恩·克洛克和琼·哥德史密斯

格伦·克洛斯和大卫·肖

伦纳德·考密斯

斯蒂芬·柯维

杰弗里·考恩

弗雷德·克罗顿和塞尔玛·霍洛

萨姆·库尔巴特和罗塞拉·福特

汤姆·卡明斯

奥利和安娜·博万

里奥和桃乐茜·布劳迪

马克·伯拉扎

迈克尔和凯蒂·杜卡基斯

吉姆和盖尔·埃利斯

维尔纳·埃哈德和康妮

马克·埃斯蒂斯

苏珊·伊万斯和彼得·克拉克

约书亚·弗里德曼

多丽·弗伦德

奈拉·弗赖伊

罗伯特·盖尔文

霍华德·加德纳和艾伦·温纳

凯瑟琳·加德纳

伊丽莎白·盖瑞特

弗兰克·盖里

比尔·乔治和佩尼·乔治

克里斯多夫·葛根

大卫安妮·葛根

丹尼尔·戈尔曼

特鲁迪·古德曼

阿尔·戈尔

罗杰·高德邦尼·施特劳斯

马克·郭士顿

贺拉斯·迪茨

南希·德维尔和约翰·戴维斯

斯宾塞·约翰逊

唐娜·卡利科

罗莎白·默丝·坎特

马蒂·卡普兰

拉凯什·库拉纳

阿特·克莱纳

艾拉·柯林斯基和罗伯塔·温特劳布

乔尔·克兹曼

保罗·劳伦斯

诺曼·李尔

吉尔·莱文和多丽·莱文

琼·李普曼—布鲁门

杰伊·洛尔施

罗尔夫和罗尼·林顿

哈维·马凯逸

戴夫和麦乐·马兰

多伊·迈尔和杰迪·戴南保

摩根·马考尔

莉萨·米勒

伊恩·米特罗夫

塞迪·摩尔

彼得·古贝尔

查尔斯和伊丽莎白·汉迪

凯特·汉迪

斯科特·汉迪和阿格尼·司各特

菲利普·哈金斯

悉尼和简·哈曼

大卫·希南和内里·希南

乌瑞·赫谢尔和麦娜·赫谢尔

弗朗西斯·赫塞尔贝恩

琳达·西尔

托马斯·休姆斯和马蒂·休姆斯

布鲁斯·杰克逊和黛安娜·克里斯蒂安

简和马克·皮萨诺

西蒙·拉莫

艾伦·罗森博格

小爱德华·罗斯基

麦克尔·罗汤第

伊丽莎白·桑普尔

卡罗尔·索耶

莫顿和米妮·夏皮洛

埃德加·沙因

霍华德·舒尔茨

沙阿

奥蒂斯·摩斯和埃德温·摩斯

哈勒姆·莫维士

彼得·穆兹

贝特西·迈尔斯和罗布·凯勒

伯特和马琳尼·纳鲁斯

苏珊·尼禄

麦克斯和妮可·尼基阿斯

尼汀·诺瑞亚

凯罗琳·奥康奈尔

吉姆·奥图尔和玛丽琳·奥图尔

雅典娜·帕拉基斯

汤姆·彼得斯

弗里茨·斯蒂尔

杰克·斯蒂尔

桑迪和理查德·斯沃兹

约翰·汤姆斯和苏珊·汤姆斯

罗伯特·托马斯和罗赞娜·托马斯

迈克·乌尔曼

丹尼尔·魏思乐

艾伦·韦伯

杰克·韦尔奇和苏西·韦尔奇

安妮·威斯特法

莱斯利和阿比盖尔·卫克斯奈

埃里克 · 新关
乔治 · 舒尔茨
肯尼思 · 西格尔
麦克 · 辛格
菲尔 · 斯莱特
安迪 · 泽乐克
德瑞 · 茨格米
帕特 · 茨格米
桃乐茜 · 兹伯格

感谢一直以来关怀我的医师们，他们让我在过去的30年里健康地存活下来：大卫・卡农，我的心脏病医师；大卫・斯坦因，我的内科医师；约翰・马里奥特，我的精神病医师。真正感谢他们的唯一方式就是继续活下去，而且是健康、多产地生活着。

感谢克莱尔，我们孩子的母亲。我很幸运我们能继续关心彼此。感谢孩子们和他们的另一半，以及他们的孩子：凯特・本尼斯和她的丈夫哈勒姆・莫维斯，以及卢克和安雅；约翰・本尼斯和他的女儿戴温；威尔・本尼斯和他的妻子丽亚，以及他们的儿子丹尼尔、亚当・加布里埃尔（出生在这本书付梓印刷的那一天）。

感谢我“领养”的格瑞丝的孩子们。尼娜・弗里德曼和伊登・斯坦伯格；他们的丈夫约书亚・韦伯弗里德曼和彼得・穆兹，以及他们出色的孩子们，艾莉安娜和亚伯拉罕・弗里德曼，南森和奥利弗・穆兹。我没法把他们当成“继亲”家庭，除非你把继亲理解成他们是我生活中的伟大礼物。

感谢我的合著者大卫・伯卢、肯・本恩、帕翠卡・沃德・比德曼、鲍勃・秦、丹尼尔・戈尔曼、琼・哥德史密斯（她是第一个鼓励我写这本书的人）、大卫・希南、吉姆・奥图尔、伯特・那纽斯、艾德佳・沙因、菲尔・斯莱特、弗里茨・斯蒂尔和诺尔・迪奇。每次我们之间的合作都让我学到很多东西，因为你们，我们的书才变得更好。

感谢乔西—巴斯出版社的所有领导、编辑和员工，他们的关切和细心才使这本书得以发行：黛布拉·亨特、塞德里克·克罗克、执行编辑苏珊·威廉姆斯，他们都鼓励我写这本书；苏珊又敏锐又能干地编辑了我的手稿；罗伯·勃兰特和玛丽·加勒特，他们使得整个出版过程很愉快；还有文字编辑米歇尔·琼斯、乔安妮·范尼斯、艾米·帕卡德和爱尔兰·莫伊，他们非常出色地为这本书宣传、推广。同样也感谢凯罗琳·奥康奈尔。

我要特别感谢玛丽·多利特尔，她在南加利福尼亚大学陪我不知疲倦地工作了 17 年。她让我的工作和生活充满乐趣。没有她，没有她一如既往的陪伴，我的生活将面临更大的压力和更少的乐趣。我真的觉得她是上天赐给我的。

感谢埃里克·保罗·比尔德曼。这本书的每一个发展阶段他都帮了大忙，包括编辑、做调查，还为我提供了一些宝贵的建议，如建议一个更恰当的词或建议我在语气上进行细微的调整。他有敏锐的眼光和完美的辨别力，这是很难能可贵的。当写作过程变得焦躁紧张时，他会以他的机智让我放松片刻，这一点没人能比得上他。

最后，感谢帕翠卡·沃德·比尔德曼，我长期的合作者、合著者和第一编辑，也是我多年的朋友。没有她，这本书将不复存在。几十年来，我一直在写关于合作方面的书籍，而帕翠卡则是成功合作的典范。她热情、专业、风趣，是我知道的最好的作家之一。她增强了我的力量，而且总能温和并直率地说出她的想法。她知道创造性合作既有学术影响，又有情感影响。和她在一起，写作是一种分享的快乐，而不是孤独的挣扎。